PARCOURSUP

Les 50 questions à vous poser absolument avant de choisir votre orientation

PARCOURSUP

Les 50 questions à vous poser absolument avant de choisir votre orientation

Bruno MAGLIULO

Sommaire

Introduction

Vers la mi-janvier, les familles dont un enfant est scolarisé en classe de terminale, mais aussi certains redoublants de première année de l'enseignement supérieur ou encore des actifs désireux de venir ou revenir vers les études supérieures en frappant à la porte de formations de premier cycle… sont invités à exprimer une liste de vœux d'orientation. En 2020, au total, ils étaient plus d'un million dans ce cas, dont 680 000 étaient scolarisés en terminale générale, technologique ou professionnelle.

Chaque année, à compter de la mi-janvier, et pour une période d'environ deux mois, ces demandeurs d'admission en première année de l'enseignement supérieur doivent faire connaître, via le portail national Parcoursup, une liste de vœux relativement courte (une dizaine au maximum), à choisir parmi plus de 18 000 formations susceptibles de les accueillir. Et si leurs préférences les conduisent à frapper à la porte d'une formation qui recrute « hors Parcoursup » (en France ou à l'étranger), ils seront placés face à une très semblable contrainte. C'est loin d'être facile, d'autant que le nombre et la variété de ces formations sont grands.

Comment bien choisir ? Quelles questions se poser ?

Un « bon » choix c'est évidemment celui qui vous conduit à entrer dans une formation qui vous motive, dans laquelle vous allez réussir et dont les débouchés professionnels seront satisfaisants.Voilà pour l'idéal !

Mais il va falloir que cette quête d'idéal soit confrontée à un certain nombre de réalités : suis-je capable de franchir les obstacles de la sélection à l'entrée lorsqu'il y en a ? Suis-je porteur des connaissances et compétences attendues sans lesquelles je cours un important risque d'échec ? Ma liste de vœux peut-elle aller jusqu'à dix, voire vingt si je cumule des « vœux simples » (par exemple : IUT Paris spécialité « techniques de commercialisation » à l'exclusion de toute autre demande pour cette même spécialité d'IUT) et des « vœux multiples » (la même formation mais dans quatre IUT différents) ? Quelles sont mes préférences ? Quel « plan B » dans le cas où je ne serais pas admis dans la formation la plus désirée ? Sur quels critères choisir si je n'ai pas encore de projet professionnel ?

Cette démarche chargée d'enjeux peut s'avérer difficile. C'est pourquoi, avant de faire connaître ses vœux d'orientation vers l'enseignement supérieur, il faut mettre en œuvre une stratégie efficace, qui doit servir de fondement aux choix à exprimer. Par « stratégie », nous entendons bien sûr le fait de « se doter de renseignements de bonne qualité sur les formations qui s'offrent à vous » (le contenu de leurs études, les méthodes pédagogiques qui y seront mises en œuvre, les conditions d'accès, le statut du diplôme délivré, le montant des droits de scolarité, le degré d'ouverture internationale, les débouchés professionnels...), mais aussi « prendre en compte votre bilan personnel », qui ne saurait se limiter au seul domaine scolaire, ainsi que nous le verrons plus loin dans ce livre.

Autrement dit, pour chacune des formations pour lesquelles j'envisage de me porter candidat, quels sont mes points forts et mes points faibles ? L'objectif est évidemment de privilégier les formations pour lesquelles mes points forts sont dominants.

Il s'agit pour chacun de ne pas succomber au risque du mirage, c'est-à-dire de ne pas fonder la liste de ses candidatures sur ses seuls rêves et envies, en particulier sur l'attraction forte de se préparer à un métier. Même si l'on comprend aisément que ce critère de choix joue, ne serait-ce que parce qu'il représente une source importante de motivation, comme facteur de réussite, votre réflexion ne saurait se limiter à ce seul critère.

Il faut aussi se positionner en fonction des réalités qui vous caractérisent, scolairement et personnellement. Il s'agit donc ni plus ni moins que de rechercher une synthèse entre vos rêves et vos réalités, vos envies et vos possibilités. C'est ce que l'on nomme parfois « la dialectique du possible et du souhaitable ».

Ce fut le cas pour Anaïs, élève de terminale ST2S (terminale sciences et technologies de la santé et du social) en 2017, qui était portée par un désir fort et sincère de devenir médecin, donc d'entrer en première année des études universitaires de santé. On lui avait beaucoup dit que du fait de son profil de future bachelière ST2S, elle n'avait que peu de chances de parvenir à être admise en première année, et que même si elle franchissait ce premier obstacle, elle aurait énormément de mal à réussir en fin de première année les épreuves du concours de passage en deuxième année médecine, qui ne laissent traditionnellement passer que de bons bacheliers généraux à profil scientifique. À ces arguments dictés par la raison, Anaïs a opposé sa forte détermination, fruit d'un réel et intense désir de devenir médecin. « Je m'en voudrais toute ma vie si je n'essaie pas », répondait-elle à celles et ceux qui l'appelaient à se montrer plus raisonnable. Elle est donc entrée en première année et y a découvert qu'en effet, elle était loin de posséder les connaissances et compétences nécessaires à sa réussite. Elle a passé une année à travailler dur, mais cela n'a pas suffi : elle a largement échoué. À tel point qu'elle a réalisé que même en redoublant, elle n'y parviendrait pas.

Elle a donc décidé de mettre en œuvre un « plan B » en se présentant avec succès au concours d'entrée dans un Institut de formation aux soins infirmiers (IFSI). Au moment où nous rédigeons cet ouvrage, elle est scolarisée en deuxième année de son IFSI et tout porte à penser qu'elle obtiendra son diplôme d'État d'infirmière dans un an. « J'ai fait une sorte de travail de deuil en finissant par accepter l'idée que je ne serai jamais médecin et c'est pour moi un grand regret. Mais, au moins, je vais exercer dans le secteur de la santé, en milieu hospitalier. Et c'est ce que je désirais le plus. »

Fort heureusement, dans de nombreux cas, il y a adéquation entre rêve et réalité. Certains élèves sont en effet dotés des connaissances et compétences requises pour pouvoir raisonnablement atteindre leur objectif premier.

Cette manière d'appréhender le problème de l'orientation scolaire explique pourquoi nous considérons qu'aujourd'hui, l'orientation est devenue une sorte de « sport de combat ». Elle l'est dans la mesure où la sélection, à l'entrée des formations supérieures de premier cycle comme ensuite pour l'admission en deuxième ou troisième cycle, est de plus en plus présente, ne laissant passer que des candidats dont le bilan scolaire et personnel est « bon » au regard de la formation demandée. Elle l'est aussi dans la mesure où, pendant les années du parcours plus ou moins long que chacun devra suivre, la réussite ne sera pas systématiquement au rendez-vous. Elle l'est enfin parce qu'à l'issue des études supérieures, il conviendra de transformer l'essai d'une éventuelle réussite scolaire (l'acquisition du diplôme final), en accès à un emploi correspondant au niveau de qualification professionnelle acquis.

C'est pourquoi nous avons pris le parti de construire ce livre sur une approche « en amont » de ce qu'est le candidat au moment où il se prépare à formuler ses vœux d'orientation post-baccalauréat (quel est son bilan scolaire et personnel ? De quels atouts est-il porteur au regard de chaque vœu qu'il compte exprimer ? Quels sont ses handicaps et peut-il les compenser avant de se porter candidat ?...), et non conformément aux approches classiques de l'orientation post-baccalauréat qui ont tendance à fonder la réflexion sur les caractéristiques et réalités de l'« aval » (quelles filières d'études supérieures s'offrent aux bacheliers de ma catégorie ? Quelles conditions d'accès ? Quels contenus d'études vais-je y trouver ? Quels débouchés professionnels à leur issue ?). En d'autres termes, nous vous proposons d'opter pour une approche stratégique : au lieu de commencer par vous demander quels parcours d'études s'offrent à vous, nous vous invitons à procéder à un travail introspectif visant à trouver la (les) réponses(s) à la question de savoir pour quelles études (et métiers) vous semblez plus particulièrement fait. Une fois ce « voyage au fond de vous » accompli, il sera temps de passer à la quête de l'« après » en optant pour des formations qui sont conformes à ce que vous êtes.

Comme le disait le poète grec antique Pindare en s'adressant au tyran qui gouvernait la cité de Syracuse au Ve siècle avant J.-C. pour l'exhorter à se comporter en fonction de sa véritable personnalité : « Deviens ce que tu es » !

Bien entendu, une telle démarche suppose que vous vous donniez le temps nécessaire pour la mettre efficacement en œuvre. Il ne faudra donc pas attendre que s'ouvre sur Parcoursup la phase d'expression des vœux d'orientation. Vous aurez tout à gagner si vous entamez cette démarche de réflexion préalable et progressive dès l'entrée en classe de seconde du lycée. Cela suppose que vous intégriez bien le fait que les choix que vous allez faire en sortant du collège, mais aussi à la fin de la seconde, puis de la première (choix de filière, d'enseignements de spécialité, d'enseignements optionnels facultatifs…) auront un impact plus ou moins important sur ce que vous pourrez envisager pour l'après-baccalauréat.

Pour vous aider à prendre de bonnes décisions, nous avons choisi de vous présenter des conseils fondamentaux qui devraient fortement contribuer à réduire le risque de commettre des erreurs de choix.

PARTIE 1

Utiliser pleinement le temps de l'orientation dont vous disposez

Question 1
À partir de quand me poser la question de l'orientation ?

Pendant longtemps, le temps de l'orientation fut très concentré sur les fins d'année scolaire des seules classes de troisième (pour l'orientation vers les diverses filières des lycées), et de terminale (pour le passage dans l'enseignement supérieur), les décisions se prenant généralement lors du dernier conseil de classe de l'année scolaire, voire après les épreuves du brevet des collèges ou du baccalauréat. En dehors de ces moments forts, on se préoccupait peu de ce sujet.

Progressivement ces dernières années, ce temps a été de plus en plus étendu vers l'amont du calendrier de chaque année scolaire (dès novembre/décembre). La tendance est désormais d'inscrire la préoccupation « orientation » sur l'ensemble du parcours troisième/terminale, voire quatrième/terminale. Ainsi s'explique par exemple que les premiers « salons de l'orientation » et les journées portes ouvertes commencent aujourd'hui dès le mois de novembre, avec une forte concentration sur la période décembre/février et une incitation à ce que les familles dont les enfants sont scolarisés en première et seconde n'hésitent pas à s'y intéresser. En outre, au sein des établissements scolaires, les procédures concernant l'orientation commencent beaucoup plus tôt : dès le premier conseil de classe qui se tient généralement en novembre ou décembre. Ajoutons que, pour la procédure Parcoursup relative au passage dans le supérieur, c'est dès le début décembre que s'ouvre pour les élèves de terminale et leurs parents la phase d'information, et vers la mi-janvier qu'ils sont invités à faire part de leurs vœux d'orientation.

Aujourd'hui, la question de l'orientation s'inscrit dans un continuum qui court de la classe de cinquième du collège à la terminale des lycées. On est donc progressivement passé d'une approche courte et discontinue de l'orientation à une conception longue et continue. C'est le concept d'« orientation tout au long de la scolarité », consacré par divers textes réglementaires, et notamment ceux qui cadrent ces démarches dans le « Parcours Avenir », prôné par la « loi d'orientation et de programmation pour la refondation de l'école de la République » du 8 juillet 2013 (loi n° 2013-595).

Question 2
Pourquoi est-il désormais nécessaire de s'y prendre aussi tôt ?

L'objectif officiel fixé par la « loi d'orientation et de programmation pour la refondation de l'école de la République » du 8 juillet 2013, assigne à cette évolution de « viser l'acquisition des connaissances et compétences nécessaires pour se projeter dans l'avenir, et faire des choix (d'orientation) raisonnés et éclairés ». Le pari est qu'ainsi les élèves et leurs parents soient mieux à même de prendre de bonnes décisions, les plus en phase possible avec la réalité du bilan scolaire et personnel de chacun. En tirant notamment parti dans chaque établissement, de ce qu'il est convenu d'appeler « le dialogue en matière d'orientation », en lien avec les enseignants, les spécialistes de l'orientation, la direction… S'inscrire dans une telle logique permet d'aboutir à des choix plus éclairés et donc d'optimiser ses chances d'obtenir satisfaction et de réussir dans la filière choisie.

Un autre aspect important de l'orientation doit être pris en compte : la sélection qui règne à l'entrée de certaines formations.

Question 3
Si je vise une formation sélective, l'anticipation est-elle également de mise ?

Dans le cadre d'une candidature en filière sélective, le facteur temps est des plus importants. En particulier lorsque l'accès à la formation visée est conditionné par la réussite à un concours. En effet, qui dit concours (épreuves orales et/ou écrites), dit révisions et le temps que vous leur accorderez est une clé du succès. Il en va de même pour les entretiens de motivation (ou la lettre de motivation) : s'y préparer sans attendre la dernière minute sera un atout. À titre d'exemple, sachez que les trois quarts des élèves de terminale ayant obtenu leur entrée à Sciences Po avaient mis en place un programme de préparation dès la première. En outre, les éléments pris en compte dans votre dossier Parcoursup ne se limitent pas à votre seul bilan scolaire (notes, appréciations…) mais sont aussi de l'ordre du « développement personnel » (capacité au travail autonome, aptitude au travail en équipe, compétences d'expression écrite et orale, etc.). Autant de raisons pour lesquelles il y a avantage à se donner le temps de bien s'y préparer. Comme nous le verrons ultérieurement, cette dimension de votre profil a trop souvent tendance à être négligée.

Question 4
Quels sont les dispositifs mis en place pour m'aider dans ma démarche d'orientation ?

Que ce soit au sein même des établissements scolaires ou en dehors, des moyens supplémentaires sont régulièrement mis en œuvre pour vous aider à mieux vous préparer aux choix d'orientation. Il est donc important de se demander lesquels.

Les plus significatifs sont les suivants :

– **Nomination d'un professeur principal** pour chaque classe, à tous les niveaux de l'enseignement secondaire, et même désormais deux en classe de terminale des lycées. Rappelons que leurs missions incluent un important volet « orientation ».

– **Renforcement des rôles des autres professeurs,** en particulier des professeurs documentalistes, dans le dispositif d'accompagnement des projets d'orientation des familles.

– **La récente réforme du lycée** s'est accompagnée de la mise à disposition de 54 heures par an, de la seconde à la terminale, spécialement dévolues à diverses actions de préparation aux choix d'orientation.

– Obligation est désormais faite de mettre en œuvre une ou plusieurs **« journées orientation »** au sein de chaque établissement.

– Accroissement du **rôle joué par les représentants** des associations de parents d'élèves dans le domaine de l'orientation.

– **Forte incitation à nouer des partenariats lycée/ enseignement supérieur** afin de permettre aux élèves de mieux découvrir de l'intérieur diverses formations supérieures.

– **Les salons de l'orientation** et les journées portes ouvertes s'adressent de plus en plus aux élèves et parents des classes de première, voire de seconde, en plus bien sûr de ceux de terminale.

– **Multiplication de l'offre de « coaching » privé** dans le domaine de l'orientation, venant s'ajouter au vaste réseau préexistant (centres d'information et d'orientation de l'Éducation nationale, centres d'information jeunesse, réseau des « cités des métiers » implanté dans une vingtaine de villes, réseau « conseil d'information aux familles » de l'APEL, etc.).

Trop nombreux encore sont celles et ceux qui continuent d'attendre la terminale, et même la fin du deuxième trimestre, pour interroger leurs choix d'études supérieures, et combien d'élèves candidats à la filière « carrières sociales » des IUT, découvrent trop tard qu'être détenteurs du BAFA (Brevet d'aptitude à la fonction d'animateur) est un avantage non négligeable... Pour tirer pleinement profit des possibilités de « recherches » offertes par tous les dispositifs d'orientation (salons, personnes-ressources...), il est préférable d'entamer votre travail d'élaboration de votre projet prendre plus tôt, dès la fin du collège. À titre d'exemple, si vous avez déjà pour objectif d'intégrer telle ou telle grande école, rien ne vous interdit d'entamer un programme de préparation aux épreuves de sélection, dès la classe de première.

PARTIE 2

Se doter d'un profil scolaire et personnel aussi proche que possible des « attendus » des formations supérieures

Question 5
Qu'est-ce que les « attendus » ?

Comprendre ce que sont les attendus et les objectifs qu'ils sont voués à remplir, vous permettra de mieux les décrypter et d'éclairer vos choix d'orientation.

Pour gérer les flux d'orientation des bacheliers vers l'enseignement supérieur français, la plateforme Parcoursup a profondément modifié les règles du jeu en rendant obligatoire pour chaque formation supérieure de présenter clairement ses « attendus », et ce dès la phase d'information qui débute généralement vers le début du mois de décembre, soit trois mois avant la date limite d'expression des candidatures.

> **Bon à savoir :** si vous êtes scolarisé en première ou seconde, et que vous souhaitez vous informer sur les « attendus » de telle ou telle formation supérieure, vous le pourrez en vous connectant sur le site www.parcoursup.fr.

Sur la plateforme Parcoursup, sont venus s'ajouter aux informations utiles délivrées sur les fiches descriptives de chaque formation (coordonnées, descriptif plus ou moins détaillé du parcours de formation, débouchés, conditions d'accès, sélectif ou non sélectif et, si c'est le cas, quelles modalités de sélection, présentation des taux de réussite ?), statut de l'établissement et du diplôme ou titre délivré en bout de parcours, montant des éventuels droits de scolarité, etc.), une présentation des « prérequis ». Par cette expression on désigne une liste de connaissances et compétences qui, du point de vue de la formation recruteuse, devraient avoir été acquises par un candidat pour espérer y être admis lorsqu'elle est sélective, et y réussir ensuite, que la formation considérée soit sélective ou non.

Un exemple : les « attendus nationaux » de la licence de droit tels que présentés sur la plateforme Parcoursup en 2020

Voici la liste des « attendus nationaux » (donc concernant l'ensemble des premiers cycles universitaires de droit) présentés sur la plateforme Parcoursup en 2020 :

– Savoir mobiliser des compétences d'expression écrite et orale qui témoignent de qualités rédactionnelles et oratoires.

– Disposer d'aptitudes à la compréhension, à l'analyse et à la synthèse d'un texte.

– Disposer d'aptitudes à la logique et au raisonnement conceptuel.

– Pouvoir travailler de façon autonome et organiser son travail.

– Être ouvert au monde et disposer de connaissances linguistiques.

– Être intéressé par les questions historiques, sociales et politiques.

Décryptage

On y lit que manifestement, les bacs généraux sont plus à même de réussir dans cette filière, que les bacs technologiques et professionnels. On insiste logiquement sur les capacités d'expression (écrite et orale) : bonne prise en compte des règles grammaticales, bon style, bonne orthographe... Cette exigence est étendue aux deux langues étrangères apprises au lycée, et en particulier l'anglais. Développer un raisonnement conceptuel argumenté à partir de l'analyse d'un document ou d'un dossier, rédiger une synthèse claire, sont autant de compétences en lien avec cette formation et les métiers auxquels elle mène. Enfin, l'organisation du travail et l'autonomie s'expliquent par le peu d'encadrement propre à ces filières universitaires à gros effectifs.

Question 6
Miroir, miroir, corresponds-je aux attendus ?

Une fois que vous savez ce que sont les attendus, il convient de vous interroger plus précisément sur l'adéquation entre ceux qui concernent les formations visées, et votre profil.

Les « attendus » se présentent donc comme une sorte de miroir dans lequel chaque candidat(e) potentiel(le) à l'admission est invité(e) à se regarder. Posez-vous ainsi la question suivante : « est-ce que je ressemble au portrait ainsi présenté ? ». Si la réponse est franchement « oui », alors cette formation est faite pour vous. Si la réponse est « non », alors il serait sans doute bon d'y renoncer au profit d'une autre formation plus adaptée à votre profil. Bien entendu, entre ces deux positions tranchées, il existe de nombreuses situations intermédiaires qui rendront la prise de décision plus ou moins difficile. À chacun de se déterminer, en gardant toujours à l'esprit le fait que si certains « attendus » d'une formation font défaut à un candidat, il pourra toujours envisager de compenser ce manque par un travail personnel intense.

Sachez en tout cas que les diverses informations qui composent votre dossier de candidature : notes, appréciations, avis du chef d'établissement et de certains professeurs, projet motivé (mini-lettre de motivation), attestations complémentaires de différentes natures... vont servir de fondement à l'analyse par chaque « commission d'examen des candidatures » (jury) du profil des divers candidats, et donc à leur classement établi sur la base de critères normalement conformes à ces « attendus ».

Question 7 Qu'est-ce qui peut m'aider à m'auto-évaluer efficacement ?

La question de l'auto-évaluation est déterminante pour bâtir un projet d'orientation au plus proche de vos attentes. Il est donc important de se demander quels sont les moyens à votre disposition pour vous accompagner dans ce cheminement personnel.

Pour aider les lycéens dans ce difficile travail d'auto-évaluation préalable, les filières Droit des universités, par exemple, ont élaboré un questionnaire d'auto-évaluation auquel nous vous conseillons fortement de vous livrer avec sincérité (c'est-à-dire sans tricher) si vous envisagez de vous porter candidat en vue de telles études supérieures. Si le résultat à ce test est faible, le candidat est invité à s'interroger sur la pertinence d'un tel choix d'études supérieures, à en discuter avec ses parents, ses professeurs (en particulier son professeur principal), le conseiller d'orientation… Au terme de cette réflexion, il peut renoncer et opter pour d'autres choix ou persévérer dans sa volonté d'entrer en premier cycle de droit (filière non sélective), mais en sachant qu'il est porteur d'importantes lacunes et qu'il lui faudra donc se remettre à niveau et énormément travailler. Attention : notez qu'un tel test n'est systématiquement proposé que pour l'entrée en premier cycle de droit, ainsi que pour la plupart des licences scientifiques. Si vous vous portez candidat dans une formation qui ne vous propose pas un tel test d'auto-évaluation (c'est le cas le plus fréquent), nous vous conseillons de compenser cette lacune en vous livrant systématiquement à un travail comparatif entre votre bilan scolaire et personnel, et les attendus exprimés sur Parcoursup.

Question 8
La formation visée a-t-elle défini des attendus locaux ?

Les « attendus nationaux » sont ceux qui concernent l'ensemble des formations d'un même type sur l'ensemble du territoire national. C'est par exemple le cas de ce que nous venons de vous présenter concernant la licence de droit.

Mais certaines formations considèrent qu'il existe localement suffisamment d'aspects spécifiques pour éventuellement ajouter des « attendus locaux ».

Prenons l'exemple de la licence STAPS (sciences et techniques des activités physiques et sportives) de l'université du Mans. En 2020, aux « attendus nationaux » (« disposer de compétences sportives en tant que pratiquant, posséder une expérience régulière et diversifiée dans les activités physiques et sportives, disposer de compétences dans les sciences de la vie et les sciences humaines et sociales… ») s'ajoutaient les attendus locaux suivants découlant du fait qu'une des caractéristiques locales de cette licence est qu'elle propose un cursus permettant à certains étudiants de se préparer aux épreuves de sélection en vue d'entrer dans un IFMK (Institut de formation en massage-kinésithérapie). À noter : depuis la réforme des études supérieures de santé, cette formation a été transformée en « LAS accès santé » (licence STAPS accès santé).

– Il est nécessaire d'avoir obtenu un bac général à profil scientifique.

– Il est attendu que les candidats qui désirent intégrer un Institut de formation en masseur kinésithérapeute en passant par la filière STAPS disposent de solides compétences scientifiques dans les sciences de la vie et les sciences humaines et sociales.

Lorsque s'ajoutent ainsi des « attendus locaux » aux « attendus nationaux », vous devez donc veiller à ce que votre « portefeuille de compétences et connaissances » soit conforme à ce double attendu. Ce qui peut vous conduire à porter certaines de vos candidatures vers des formations localisées hors de la zone géographique de votre lieu de résidence.

Question 9 Quels sont mes atouts relevant du « développement personnel » ?

Vous serez peut-être surpris de découvrir, en prenant connaissance des « attendus » des formations supérieures qui vous intéressent, que l'on y met certes l'accent sur des critères de type scolaire (la ou les filières d'enseignement secondaire plus particulièrement recommandées, les enseignements qu'il convient d'avoir suivis au lycée, parfois même des précisions du type « bon niveau », les appréciations qualitatives de vos divers professeurs, l'acquisition de certaines compétences méthodologiques, être porteur d'un bon niveau de culture générale, etc.), mais aussi des critères qui tiennent à ce qu'il est convenu de nommer « le développement personnel » : l'aptitude au travail en équipe, savoir écouter les autres, le degré d'empathie, la capacité au travail autonome, le sens de l'organisation, être capable de prendre la parole en public, l'esprit de synthèse, avoir exercé une activité en milieu associatif, s'être adonné à une activité citoyenne, etc. Pour reprendre la célèbre maxime due à Michel de Montaigne : « Mieux vaut une tête bien faite qu'une tête bien pleine ».

Alors que pendant de nombreuses années, pour l'entrée au lycée ou dans l'enseignement supérieur, on se fondait largement, quand ce n'était presque exclusivement, que sur le seul bilan scolaire, ces nouveaux critères figurent désormais clairement dans les « attendus » de chaque formation supérieure. Il convient donc de s'y préparer à l'avance, de façon à présenter un dossier de candidature qui corroborera que vous êtes bien porteur de ces atouts.

Deux exemples : Les écoles de commerce et les IFSI

Ainsi, par exemple, si vous lisez sur Parcoursup que les écoles de commerce et management qui recrutent sur le concours national PASS bachelor attendent des candidats qu'ils aient le « sens de la responsabilité sociale et environnementale », il est important que le dossier de candidature comporte des éléments qui attestent que vous êtes bien porteur de cette aptitude : avoir été délégué des élèves dans son lycée ou encore avoir participé à une ou plusieurs actions collectives de nettoyage en milieu naturel… peut valider cela.

Autre exemple : les Instituts de formation aux soins infirmiers attendent des candidat(e)s, entre autres éléments constitutifs de leur bilan scolaire et personnel, qu'ils soient « aptes à faire preuve d'attention à l'égard des autres, à collaborer et à travailler en équipe, à communiquer et échanger avec autrui… ». Plusieurs possibilités existent qui pourraient valider que ces aptitudes font bien partie du « portefeuille de compétences » du candidat, comme par exemple le fait d'avoir fait un stage en milieu professionnel attestant que l'on en est bien porteur.

Question 10
Quelles sont les activités extrascolaires susceptibles de favoriser mon dossier ?

On ne le dira jamais assez : s'être doté du BAFA (brevet d'aptitude à la fonction d'animateur), du brevet de secourisme, d'aéronautique… Avoir réussi à bon score un test de niveau en langue étrangère, avoir fait du sport de compétition, s'être adonné à une activité régulière dans des domaines tels que le sport, la musique, le théâtre, l'audiovisuel, la danse, les arts plastiques…, avoir réalisé un ou des stages en milieu professionnel, avoir exercé un job d'été, avoir représenté ses camarades de classe en tant que délégué des élèves, avoir activement participé à une action bénévole au profit de personnes défavorisées, avoir été pompier bénévole, avoir fait un service civique… sont autant d'aspects complémentaires qui viendront renforcer les chances d'être admis dans la filière désirée, puis d'y réussir.

Bien plus, cette quête d'éléments susceptibles de valoriser une candidature et d'accroître ses chances d'y être admis, puis d'y réussir, peut également concerner des éléments de type scolaire : avoir été présenté par un professeur au Concours général de sa discipline parce qu'il vous a jugé digne de cet honneur, et plus encore si vous y obtenez un prix ou accessit, s'être présenté avec succès aux olympiades de mathématiques ou de sciences physiques, avoir fait une bonne performance lors d'un concours d'éloquence ou d'orthographe, sont autant d'éléments qui peuvent faire la différence en votre faveur.

En intégrant des critères qui ne relèvent plus uniquement du bilan scolaire mais aussi du bilan personnel du candidat, on prend désormais en compte la globalité de cet « être multiple » qu'est un jeune sortant du lycée. Ce qui est aussi en phase avec les attentes sur le marché du travail.

Cependant, ne vous y trompez pas, pour les « commissions d'examen des vœux » ou jurys, qui vont comparer les dossiers d'admission, la priorité ne sera pas nécessairement portée sur les critères de développement personnel. En pratique, le bilan scolaire est encore relativement dominant. Comme nous le déclare Gérard, professeur en classe préparatoire économique et commerciale dans un lycée public de Marseille : « Le bilan scolaire reste très prédominant pour prétendre être autorisé à intégrer une CPGE (classe préparatoire aux grandes écoles). Les compétences de type développement personnel sont certes nettement plus prises en compte qu'auparavant, mais ont principalement pour fonction de départager deux candidats qui, sur la base du seul bilan scolaire, sont quasiment égaux. On ne retiendra pas la candidature d'un élève porteur de bonnes aptitudes personnelles, mais dont le bilan scolaire nous semble insuffisant. » Et notre témoin d'ajouter qu'« il n'en va pas exactement de même pour les écoles de commerce à recrutement niveau bac qui tiennent plus fortement compte du bilan personnel ».

PARTIE 3

Tenir compte de l'après-bac dès la fin de la troisième

Question 11
Quelle voie d'études choisir au lycée ?

Pour un élève de troisième souhaitant poursuivre ses études au lycée en vue d'obtenir le bac, trois voies s'offrent à lui : professionnelle, technologique ou générale. Bien en amont donc de la procédure Parcoursup, il vous faudra vous questionner sur ce choix.

Et se poser cette question c'est finalement déjà se demander : ai-je l'intention de bientôt faire mon entrée dans le monde du travail ? Suis-je plutôt porté à privilégier la prolongation des études et dans ce cas lesquelles ? Car ces deux chemins sont trop différents pour permettre d'effectuer par la suite un choix de manière strictement équivalente. Cela revient à dire que la réponse à la question doit donc être éclairée par la perspective de ce que l'on souhaite (ou ne s'interdit pas) de faire à son issue.

Mais, est-il raisonnable de croire que des élèves sortant de collège puissent être porteurs d'un projet concernant l'après-bac ? C'est envisageable pour une minorité d'entre eux, mais pour la plupart, nous prenons acte que cet horizon est trop lointain pour qu'ils y voient déjà clair concernant le choix des études supérieures.

Pour autant, nul ne peut nier que ce qui va se jouer par un tel choix c'est bien sûr, à court terme, le bon choix de sa filière d'études secondaires, mais aussi, qu'on le veuille ou non, le post-baccalauréat (qu'il s'agisse d'une éventuelle entrée sur le marché du travail, ou de poursuite d'études dans l'enseignement supérieur) qui sera loin d'être le même, selon qu'on sort du lycée nanti d'un baccalauréat général, technologique ou professionnel.

Ainsi, par exemple, si j'opte pour la filière qui conduit à un baccalauréat professionnel (de quelque spécialité que ce soit), j'aurai très peu de chances d'être admis en « Parcours santé » (PASS) à l'université et encore moins d'y réussir, alors qu'un bachelier général à profil scientifique a seize fois plus de chances d'y parvenir. Autant le savoir dès le départ et en tenir compte si on le peut.

Question 12
Quelles spécialités choisir en seconde professionnelle ?

La voie qui conduit à un baccalauréat professionnel s'ouvre dès la classe de seconde pro. C'est une première différence par rapport aux voies technologique et générale qui ne commencent qu'en première, au terme d'une année en seconde générale et technologique (seconde GT). Nous y reviendrons.

Zoom sur la voie professionnelle

En 2020, les classes de seconde pro ont accueilli environ un quart des élèves issus du collège. Le parcours qui conduit à un bac pro s'étale donc sur trois années (seconde pro, première pro et terminale pro). Il commence par une année en seconde qui se veut axée sur une « famille de métiers », donc provisoirement polyvalente, ceci dans le but de ne pas spécialiser les élèves de façon très précoce. À l'issue de cette seconde pro, les élèves se répartissent entre diverses classes de première professionnelle nettement plus spécialisées. Ainsi, par exemple, il est possible d'opter pour une seconde pro « métiers de la construction durable, du bâtiment et des travaux publics », puis, en passant en première pro, de se spécialiser en « travaux publics », « intervention sur patrimoine bâti options maçonnerie ou charpente ou couverture », « technicien du bâtiment (organisation et réalisation du gros œuvre) », « menuiserie-aluminium-verre », « aménagement et finition du bâtiment », « ouvrages du bâtiment : métallerie ». Ainsi, à une seconde pro polyvalente correspondent huit baccalauréats professionnels spécialisés. Il en va de même pour la quasi-totalité des 101 spécialités du baccalauréat professionnel qui existent au moment où nous rédigeons ce livre, et dont la préparation commence par l'entrée dans l'une des 14 classes de seconde pro polyvalentes suivantes :

- Métiers de la construction durable, du bâtiment et des travaux publics
- Métiers de la gestion administrative, du transport et de la logistique

– Métiers de la relation client
– Métiers des industries graphiques et de la communication
– Métiers des études et de la modélisation numérique du bâtiment
– Métiers de l'alimentation
– Métiers de la beauté et du bien-être
– Métiers de l'aéronautique
– Métiers de l'hôtellerie-restauration
– Métiers de la maintenance des équipements industriels et des véhicules
– Métiers du pilotage d'installations automatisées
– Métiers du bois
– Métiers de la réalisation de produits mécaniques
– Métiers du numérique et de la transition énergétique

Question 13
Quelles sont les conditions de la réussite en voie professionnelle ?

Dès l'entrée en seconde, cette voie d'études secondaires est caractérisée par l'importance des enseignements professionnels et des stages obligatoires en milieu professionnel : environ 60 % de l'horaire global. Elle ne saurait donc convenir qu'à des élèves qui, en amont au moment du choix d'une telle orientation, ont fortement réfléchi à ce que pourrait être leur avenir professionnel et choisissent leur formation en conséquence, par motivation positive. Le problème est que, si cette démarche est bien celle d'une grande partie d'entre eux, nombreux sont ceux qui sont orientés vers la voie professionnelle sans réelle motivation, au seul prétexte qu'ils ne sont pas assez bons pour être jugés dignes d'entrer en seconde générale et professionnelle. Est-il besoin de dire que les premiers réussissent nettement mieux que les seconds ?

> **Bon à savoir :** il ne suffit pas de réussir dans la partie professionnelle des programmes. Ceux-ci comportent environ 40 % d'enseignements généraux divers, variables selon la spécialité professionnelle choisie. Dans cette voie, vous n'en aurez donc pas fini avec les enseignements de français, langues, mathématiques, sciences, histoire-géographie... Notez cependant qu'on les y aborde de façon beaucoup plus concrète que dans la voie générale.

Toutefois, si malgré cette dernière remarque vous ne souhaitez pas entrer dans une telle voie d'études secondaires, au motif que vous recherchez une formation mettant plus fortement l'accent sur les enseignements professionnels, il existe une autre voie, en deux années au lieu de trois : celle qui conduit aux certificats d'études professionnelles (CAP) – ils sont près de 200 –, à l'issue desquels les meilleurs pourront éventuellement solliciter leur admission en première pro et ainsi acquérir un bac pro en quatre ans au lieu de trois. Et si vous souhaitez donner « à fond » dans le professionnel, vous pourrez effectuer un tel parcours d'études par l'alternance (sous contrat d'apprentissage, par exemple).

Question 14
À quoi mène le bac pro ?

Pour effectuer votre choix, posez-vous aussi la question des débouchés, afin de vérifier qu'ils sont compatibles avec votre projet d'études et/ou professionnel.

Comme son nom et ses contenus d'études le disent clairement : un baccalauréat professionnel est avant tout un diplôme qui atteste que son détenteur est porteur d'une qualification professionnelle permettant, si vous le souhaitez, de vous positionner sur le marché de l'emploi. C'est le seul des trois types de baccalauréat qui permet cela.

Toutefois, en tant que baccalauréat, ce diplôme permet aussi d'accéder à l'enseignement supérieur. À cet égard, on observe une tendance forte : de plus en plus de bacheliers professionnels choisissent plutôt de prolonger leurs études. Alors qu'ils n'étaient en moyenne que 20 % dans les années 1990, ils sont aujourd'hui plus de 60 % à faire un tel choix (ce chiffre atteint même plus de 80 %, voire plus, dans certaines spécialités comme en gestion et administration). Le terrain de prédilection des bacheliers professionnels est celui des « études supérieures courtes », tout particulièrement les BTS, qui bénéficient d'une politique de quotas de places réservées ; les DUT dans une moindre mesure (notez qu'à compter de 2021, les diplômes universitaires de technologie, de niveau bac+2, disparaissent au profit du tout nouveau « bachelor universitaire de technologie » (BUT) de niveau bac+3) ; les écoles en deux ou trois ans telles que les écoles d'assistantes sociales, les Instituts de formation aux soins infirmiers, nombre d'écoles de commerce et de gestion… Ce secteur d'études supérieures est celui qui leur assure les meilleurs taux de réussite. Ils ne sont qu'une minorité (de l'ordre de 8 %) à entrer en première année de licence à l'université et sont moins de 5 % à y réussir. Même constat pour ce qui est de l'intégration dans les grandes écoles à recrutement niveau bac.

> **Bon à savoir :** sachez qu'il n'existe pas de classe préparatoire aux grandes écoles à recrutement post-bac pro : quelques dizaines d'entre eux seulement peuvent espérer se retrouver en prépa d'un an au terme d'une bonne réussite en BTS ou IUT (les « prépas adaptation technicien supérieur » – ATS).

Question 15
À quel moment de la scolarité intervient le choix entre seconde générale et seconde technologique ?

Alors que l'admission en voie professionnelle se fait nécessairement à la sortie du collège, pour la répartition entre les voies technologiques et la voie générale, il faudra attendre la fin de l'année de seconde GT (générale et technologique).

Exception. Deux cas particuliers cependant : les filières qui conduisent aux bacs technologiques hôtellerie/restauration (HR) et techniques de la musique et de la danse (TMD) sont les seules à commencer dès la classe de seconde et doivent donc être choisies dès la fin du collège.

Question 16
Quelles sont mes compétences dans les matières générales ?

Au moment d'effectuer votre choix d'orientation, que ce soit pour intégrer un cursus général ou technologique, il convient de vous interroger sur votre niveau dans les matières générales.

Au contraire des diverses secondes pros, ce qui caractérise la seconde GT est la forte prééminence des enseignements généraux (de 80 % à 100 % de l'ensemble selon les choix d'enseignements optionnels). On ne réussit pas dans une telle classe sans être porteur de réelles compétences en histoire-géographie, français, deux langues étrangères, mathématiques, sciences… acquises au collège.

Cette exigence sera même renforcée par l'apparition d'un enseignement général nouveau en classe de seconde GT : les sciences économiques et sociales. L'ensemble de ces disciplines figurent dans le tronc commun et sont donc obligatoires pour tous, y compris pour celles et ceux qui, en fin de seconde GT, opteront pour la voie technologique.

Il n'existe par contre aucun enseignement professionnel dans ces classes, y compris si vous choisissez un des enseignements optionnels technologiques proposés par votre établissement, car il s'agit d'aborder de façon très généraliste un secteur d'activité, et non d'octroyer aux élèves une véritable qualification professionnelle. C'est une différence fondamentale par rapport aux enseignements professionnels dispensés en voie pro.

Question 17
Quelle option technologique choisir en seconde générale et technologique ?

En seconde GT, il est possible d'ajouter aux enseignements du tronc commun un enseignement optionnel à choisir dans une liste propre à certains lycées, mais cadrée nationalement. Certains de ces enseignements sont généraux (troisième langue étrangère, langue régionale, latin, grec classique, enseignement artistique, écologie-agronomie...) et d'autres sont de nature technologique (biotechnologies, création et culture design, création et innovations technologiques, management et gestion, santé et social, sciences de l'ingénieur, sciences et laboratoire, hippologie et équitation...). Bien entendu, aucun lycée ne les propose toutes. De plus, certaines sont plus rarement offertes que d'autres. Selon vos préférences, vous pourriez être amené à devoir changer d'établissement. Chacun des enseignements optionnels technologiques est conçu en vue d'une préparation à l'entrée dans une première technologique spécialisée.

Tableau de correspondance entre le choix d'un enseignement optionnel technologique en classe de seconde GT et les diverses filières technologiques

Enseignement optionnel choisi	**Parcours première/terminale technologique correspondant**
Biotechnologies	Sciences et technologies des laboratoires (STL)
Création et culture design	Sciences et technologies du design et des arts appliqués (STD2A)
Création et innovations technologiques	Sciences et technologies de l'industrie et du développement durable (STI2D)
Écologie/agronomie/territoires et développement durable	Sciences et technologies de l'agronomie et du vivant (STAV) (1)
Management et gestion	Sciences et technologies du management et de la gestion (STMG)
Santé et social	Sciences et technologies de la santé et du social (ST2S)
Sciences de l'ingénieur	Sciences et technologies de l'industrie et du développement durable (STI2D)
Sciences de laboratoire	Sciences et technologies des laboratoires (STL)

1. Uniquement dans les lycées agricoles

Cependant, un tel tableau ne doit pas vous faire croire qu'en optant pour l'un de ces enseignements optionnels, vous serez contraint de choisir ensuite la filière technologique correspondante. On peut par exemple être orienté vers la classe de première STMG sans avoir opté en seconde GT pour l'option de STMG, comme on peut bifurquer vers une première générale bien qu'ayant opté pour cette même option. Il en va de même pour toutes les autres filières, sauf pour l'admission en première STD2A qui, seule filière dans ce cas, exige que l'on ait opté en seconde GT pour l'enseignement optionnel correspondant. Cela s'explique par le volume horaire particulièrement lourd d'une telle option (six heures par semaine contre une heure trente seulement pour les autres).

Quelles différences pour les orientations post-baccalauréat général et technologiques ?

L'article 1er de l'arrêté du 16 juillet 2018 relatif à l'organisation de la classe de seconde générale et technologique stipule que « la seconde générale et technologique conduit les élèves au cycle terminal des lycées d'enseignement général et technologique. (...). Elle est conçue pour permettre aux élèves de préparer puis déterminer leur choix d'un parcours au sein du cycle terminal jusqu'au baccalauréat général ou technologique, dans l'objectif de réussir leurs études supérieures, et au-delà leur insertion professionnelle ».

Question 18
Formation courte ou formation longue ?

La classe de seconde GT n'est donc qu'une première étape d'un long parcours conduisant à un baccalauréat, puis aux études supérieures, et enfin à une insertion professionnelle. C'est très différent de ce qui se présente à l'issue de la voie professionnelle qui permet de choisir entre poursuivre ses études ou s'insérer immédiatement dans le monde du travail.

Les possibilités qui s'offrent à vous en matière de poursuites d'études, selon que vous soyez scolarisé en voie générale ou technologique, sont distinctes :

– **Les bacheliers technologiques ont une forte propension à demander leur admission dans des formations supérieures professionnelles courtes** (notamment les IUT dans lesquels ils bénéficient d'une politique de quotas de places réservées, mais aussi les BTS, les écoles professionnelles diverses en deux ou trois ans, le premier cycle des études supérieures comptables et financières préparatoire au diplôme de comptabilité et gestion, etc.). Ils y obtiennent leurs meilleurs taux de réussite, et on observe que certains d'entre eux vont bien au-delà en parvenant à intégrer une grande école par ce qu'il est convenu d'appeler les « procédures d'admissions parallèles » ou au terme d'une année de classe préparatoire ATS (post BTS), voire rejoindre des études universitaires par équivalence (après un « Bachelor universitaire » par exemple). Plus de deux tiers d'entre eux font ce choix chaque année. Une minorité significative entre en première année universitaire, avec de faibles chances de réussite (ils ne sont que 20 % en moyenne à parvenir à se doter du diplôme de licence, chiffre modeste, mais nettement plus élevé que pour les bacheliers professionnels qui ne sont que moins de 4 % dans ce cas). Environ 10 % d'entre eux frappent avec succès à la porte de grandes écoles à recrutement post-baccalauréat (d'ingénieurs, de commerce et management, d'arts, de communication, de tourisme, d'hôtellerie...) ou parviennent à se faire admettre en classe préparatoire aux grandes écoles réservées aux bacheliers technologiques.

– **Les bacheliers généraux sont pour la plupart nettement plus attirés, et mieux armés pour se faire admettre dans des formations supérieures longues et y réussir** : les filières universitaires (dans lesquelles ils sont 65 % à parvenir à obtenir le diplôme de licence, trois fois plus que les bacheliers technologiques et treize fois plus que les bacheliers professionnels), généralement suivies de deuxièmes cycles masters. Ils sont en outre nettement plus nombreux à s'intéresser aux grandes écoles et à parvenir à y entrer, puis à y réussir. C'est vrai aussi bien pour les grandes écoles à recrutement post-bac, que pour celles qui recrutent principalement à l'issue des classes préparatoires. Une minorité d'entre eux choisit cependant de frapper à la porte de formations professionnelles courtes, tout particulièrement des programmes « bachelors », des IUT, des écoles sociales et paramédicales, et autres. Nombreux sont ceux qui y réussissent, mais pour la plupart, ils ne s'en contentent pas, privilégiant les diverses possibilités qui existent de rejoindre ensuite des formations plus longues de type master universitaire ou grande école.

Ainsi, les destins ne sont pas les mêmes. Selon le type de baccalauréat que l'on aura préparé, et les compétences et connaissances acquises durant son parcours d'études secondaires, certaines orientations seront plus accessibles que d'autres. Comme le fait justement remarquer Gérard Bosquier, ancien professeur de sciences économiques et sociales : « Les familles sont généralement loin de penser, lorsqu'elles font leurs choix d'orientation en fin de collège, que ces décisions auront un gros impact sur ce qu'il sera possible d'envisager pour l'après-bac. Et c'est pourtant bien le cas. C'est pourquoi, même si je sais que compte tenu de l'âge de tels élèves, et du fait que l'horizon qui marque le passage du lycée à l'enseignement supérieur est encore lointain, je ne puis que les sensibiliser à cette logique anticipatrice. Et pour cela, il faut que la préoccupation orientation post-bac soit présente dès la classe de quatrième en collège. De ce point de vue, ce n'est vraiment pas trop tôt ! »

Vous l'aurez compris : les possibilités de poursuite d'études d'un bachelier vers l'enseignement supérieur sont en partie liées aux choix faits en amont durant le parcours d'études secondaires. Le champ du possible et les probabilités de réussite sont loin d'être les mêmes selon qu'on se présente à la porte des formations supérieures nanti d'un baccalauréat professionnel, technologique ou général, mais aussi selon la spécialité du baccalauréat professionnel ou technologique préparé ou selon le profil dont on s'est doté en voie générale par le choix des enseignements optionnels de spécialité.

PARTIE 4

Prêter attention au choix des enseignements de spécialité en classes de première et terminale générale

Question 19 Quel impact a la réforme sur mes choix d'orientation ?

La réforme de la voie générale du lycée a supprimé les anciennes filières ES, L et S. Désormais, la différenciation des élèves passe principalement par l'obligation pour chacun de choisir trois enseignements dits « de spécialité » en entrant en première, puis deux parmi ces trois en passant en terminale. Elle peut en outre se construire par des choix d'enseignements optionnels facultatifs. Il en résulte que dans une même classe de première ou terminale générale, se côtoient des élèves à profils différents, alors qu'auparavant, ils étaient regroupés selon la filière choisie en entrant en première (ES, L ou S). L'avenir nous dira si ce mélange est enrichissant pour les élèves ou s'il crée un problème de plus grande hétérogénéité. Les deux peut-être ? Quoi qu'il en soit, il convient d'être très conscient du fait que ces choix auront un impact sur les possibilités concernant le passage ultérieur dans l'enseignement supérieur. D'où l'importance de bien choisir ses enseignements de spécialité.

Question 20
Quels enseignements de spécialité choisir en première ?

Chaque élève destiné à entrer en première générale est obligé de choisir trois « enseignements de spécialité » dans une liste qui est propre à chaque établissement, mais qui est cadrée nationalement. En passant en terminale générale, il doit en conserver deux parmi ces trois et donc en abandonner un.

Les enseignements de spécialité susceptibles d'être proposés en première et terminale générales

Enseignements très fréquemment proposés :

Histoire-géographie-géopolitique et sciences politiques (HGHSP)

Humanités-littérature et philosophie (HLP)

Langue-littérature et cultures étrangères (LLCE) option anglais

Mathématiques

Sciences de la vie et de la Terre (SVT)

Physique-chimie (PC)

Sciences économiques et sociales

D'autres qui sont plus rares :

Arts options arts du cirque, arts plastiques, cinéma-audiovisuel, danse, histoire des arts, musique, théâtre)

Biologie-écologie (uniquement dans les lycées agricoles)

Langue-littérature et culture étrangère (LLCE) autres options que l'anglais

Langue-littérature et culture régionale (LLCR) options alsacien, basque, breton, catalan, corse, occitan, provençal, etc.)

Littérature-langues et civilisations de l'Antiquité (LLCA) options latin et/ou grec

Numérique et sciences informatiques (NSI)

Sciences de l'ingénieur (SI)

Question 21
Quel enseignement de spécialité abandonner en entrant en terminale générale ?

Outre le fait que ces enseignements de spécialité compteront pour beaucoup dans l'emploi du temps des élèves (à raison pour chacun de 4 heures par semaine en première, puis 6 heures en terminale, soit douze heures au total dans les deux cas), ils feront l'objet d'épreuves écrites à horaires lourds (quatre à cinq heures par épreuve), jugées par un jury externe à l'établissement fréquenté, et à forts coefficients (16 sur cent pour chacune des deux épreuves qui auront lieu en fin d'année de terminale). Ajoutons que ces deux enseignements de spécialité seront les enseignements de référence servant de support à la nouvelle épreuve dite du « grand oral » (coefficient 10).

Au total, ces deux enseignements de spécialité choisis en entrant en classe de terminale générale interviendront pour 42 % de l'évaluation globale au baccalauréat, soit près de la moitié de l'ensemble ! Enfin, compte tenu de leur importance, vous devez vous attendre à ce que dans le dossier Parcoursup qui servira de passeport pour le passage dans l'enseignement supérieur, les choix que vous aurez faits (tel enseignement de spécialité plutôt que tel autre) et les notes de contrôle en cours de formation obtenues, seront fortement pris en compte par les établissements d'enseignement supérieurs recruteurs, tout particulièrement lorsqu'ils sont sélectifs.

Il découle de ces observations que vous devriez logiquement choisir d'abandonner l'enseignement de spécialité dans lequel vous êtes le moins bon. Et si vous êtes bon dans les trois, abandonnez celui qui comptera le moins par rapport aux études supérieures que vous envisagez de faire.

Vous noterez que certains enseignements de spécialité sont en outre présents dans le tronc commun. C'est le cas pour l'HGGSP et LLCE. Dans ce cas, cet enseignement de spécialité fonctionne comme un enseignement d'approfondissement. Ne pas choisir un tel enseignement de spécialité ne veut donc pas dire que l'élève n'en bénéficiera pas puisqu'il recevra celui inscrit dans le tronc commun. Pour d'autres en revanche (SES, mathématiques, SVT, physique-chimie...), ils ne se présentent que sous la forme d'enseignements de spécialité.

Question 22 Dois-je prendre des options facultatives ?

Ne négligez pas le choix d'enseignement(s) optionnel(s) facultatif(s). Outre les enseignements optionnels obligatoires que sont les enseignements de spécialité, il est possible, en première comme en terminale, de choisir un ou plusieurs enseignements optionnels facultatifs. Ils conduisent à des épreuves facultatives au baccalauréat, avec pour principe que seuls seront pris en compte les points supérieurs à la moyenne (12/20 = + 2 ; 06/20 = note non prise en compte). Ce sont donc des enseignements qui ne vous font courir aucun risque, si ce n'est celui d'un peu trop alourdir la barque pour certains. Mais rien n'interdit de lâcher ce lest à tout moment.

Bon à savoir : notez que si certains de ces enseignements optionnels facultatifs se déroulent sur l'ensemble du cycle terminal du lycée (première et terminale), d'autres ne s'ouvrent qu'en classe de terminale. Il convient de préciser que, bien que cadrés par une liste nationale, ces enseignements sont beaucoup moins fréquemment proposés que les enseignements de spécialité.

Les enseignements optionnels facultatifs susceptibles d'être proposés

Première et terminale générales :

Arts (même liste que pour les enseignements de spécialité)

Éducation physique et sportive

Hippologie et équitation (uniquement dans les lycées agricoles)

Agronomie-économie-territoires (uniquement dans les lycées agricoles)

Langue vivante 3 (étrangère ou régionale)

Langue et civilisation de l'Antiquité (latin et/ou grec)

Uniquement en terminale générale :

Droit et grands enjeux du monde contemporain (DGEMC)

Mathématiques complémentaires (1)

Mathématiques expertes (2)

1. Sauf cas particulier, cet enseignement optionnel facultatif de trois heures par semaine ne peut être suivi que par des élèves qui, en première, avaient opté pour l'enseignement de spécialité de mathématiques et ne l'ont pas conservé. Le programme est beaucoup plus concret et plus léger que celui de l'enseignement de spécialité. Il est comparable à celui de l'ancienne terminale ES.

2. Enseignement strictement réservé à des élèves qui ont opté pour l'enseignement de spécialité de mathématiques et s'y révèlent de bon niveau. Ces élèves se dotent donc d'un profil « super maths » avec 6 heures d'enseignement de spécialité plus 3 heures de mathématiques expertes, soit 9 heures par semaine en tout... et à haut niveau !

Le ou les choix d'enseignements optionnels facultatifs peuvent également avoir un impact plus ou moins important sur vos possibilités d'orientation post-bac. Chacun comprendra par exemple qu'un candidat à l'admission dans une école d'art sera avantagé en ayant suivi au lycée une option facultative de ce type ou encore que pour prétendre entrer dans un Institut d'études politiques, avoir opté et suivi avec succès, l'enseignement optionnel facultatif de DGEMC constitue un véritable atout.

Cette logique est aussi tout particulièrement fondée concernant la façon dont on apprend les mathématiques au lycée.

Question 23
Quel est mon rapport aux mathématiques ?

Dans le cadre de la nouvelle voie générale du lycée, il existe désormais diverses manières de se former (ou pas) aux mathématiques. Afin de bien effectuer votre choix d'orientation, s'interroger sur votre rapport aux mathématiques devient une question incontournable.

« JE NE VEUX MÊME PAS EN ENTENDRE PARLER » !

Ceux qui « ne veulent même pas en entendre parler » sont ceux qui n'opteront pas pour cet enseignement de spécialité en première générale, et iront jusqu'au baccalauréat sans suivre le moindre enseignement de mathématiques. Cela correspond finalement au profil de la plupart des élèves de L du lycée « ancienne formule ». Peu nombreux sont les élèves qui ont fait ce choix. À la rentrée 2020, ils étaient 20 000 sur les 386 000 lycéens de première générale. Ces derniers, fortement littéraires, acceptent ainsi, a priori, de ne pas suivre d'études supérieures pour lesquelles les maths seraient requises. Cette option est tout à fait envisageable, il faut simplement être conscient qu'en conséquence, elle restreint considérablement, le potentiel de débouchés.

> C'est ce qu'a décidé Noémie, élève de seconde générale et technologique au lycée Lavoisier de Mayenne : « Je ne supporte pas les maths... qui me le rendent bien ! Je ne suis pourtant pas une mauvaise élève : j'ai de bonnes notes en français, histoire/géo, sciences éco et sociales, langues étrangères, arts plastiques... D'accord avec mes parents et mon professeur principal, j'ai donc opté pour les enseignements de spécialité

d'humanité-littérature et philosophie, d'histoire/géo et d'arts plastiques. Après mon bac je voudrais entrer dans une bonne école d'arts plastiques. Pour ça, je n'ai pas besoin des maths. »

« JE CHOISIS DE FAIRE UN PEU DE MATHS MAIS PAS TROP »

Vous avez opté pour la spécialité mathématiques en première et décidez de ne pas prolonger une telle aventure en terminale. Soit parce que vous étiez en relatif échec, soit parce que vous avez vocation à vous orienter vers une formation supérieure qui ne nécessite pas d'avoir acquis un très haut niveau en mathématiques.

Dans ce cas, vous abandonnerez la « spé maths » et choisirez l'option facultative de mathématiques complémentaires, considérée comme étant suffisante pour les débouchés d'études supérieures envisagés... (à la condition cependant d'avoir correctement réussi dans cet enseignement optionnel facultatif).

C'est la stratégie développée par Marc, élève de première générale en 2020, qui vise son admission dans une formation de type « bachelor de management international ». « Pour ce genre de formation, j'ai besoin d'avoir acquis des compétences très concrètes en mathématiques, mais pas nécessairement à hauteur de ce que propose le programme de la spé maths en terminale. Je me suis rendu à plusieurs journées portes ouvertes organisées par des écoles de commerce qui proposent un programme bachelor tel que celui que je vise. Tous m'ont dit que le programme de l'enseignement optionnel de mathématiques complémentaires de terminale est suffisant. Cela n'aurait peut-être pas suffi pour entrer dans une super classe préparatoire, mais ce n'est pas ce que je vise. Pour ma classe de terminale, je vais donc choisir les enseignements de spécialités de LLCE anglais et SES, et ajouter l'option facultative de maths complémentaires ».

« J'EN VEUX PLUS ! »

Pour certains débouchés (études supérieures universitaires scientifiques, écoles d'ingénieurs post-bac, classes préparatoires scientifiques, classes préparatoires économiques et commerciales les mieux classées, classes préparatoires BL, IUT ou BTS des secteurs scientifique et/ou industriel, etc.), le programme de l'option facultative de mathématiques complémentaires ne suffit pas. Acquérir un bon niveau en enseignement de spécialité de mathématiques est donc nécessaire. Comme me le fait remarquer le directeur d'un lycée privé sous contrat situé à Lyon, « ne vaut-il pas mieux faire ses preuves dans la seule spécialité maths que d'avoir un résultat globalement moyen en cumulant avec l'option facultative de maths expertes ? » !

> C'est le raisonnement de Patricia, scolarisée en première générale, qui voudrait intégrer une école d'ingénieurs agronomes à recrutement niveau bac. Elle a bien compris que pour un tel objectif, la spé maths est incontournable. Mais « faut-il pour autant ajouter trois heures par semaine de maths expertes ? Mon niveau actuel en maths est tel qu'il me semble préférable de concentrer mes efforts sur les six heures de spé maths ». Une visite au Salon de l'Étudiant de sa ville (Toulouse) et des échanges avec les responsables de trois écoles d'ingénieurs agronomes l'ont convaincue que pour les procédures de sélection qui l'attendent en fin d'année de terminale, avoir acquis un bon niveau en spé maths suffira.

« JE VEUX EN FAIRE À FOND ! »

Pour certains débouchés d'études supérieures, le scénario qui précède ne suffit pas non plus. Pour accéder à certaines formations de haut niveau, avoir réussi dans le seul enseignement de spécialité de mathématiques est une condition nécessaire, mais non suffisante. Pour espérer être admis dans certaines classes préparatoires scientifiques, BL, économiques et commerciales… parmi les mieux classées, il est attendu que les candidats ajoutent un bon niveau de réussite en spécialité mathématiques mais aussi en option mathématiques expertes.

Il existe en outre des élèves qui aiment les mathématiques et y réussissent au point de vouloir en faire au plus haut niveau possible, même s'ils n'ont pas tous, dans ce cas, vocation à faire des études supérieures scientifiques.

> C'est le cas de Fabrice, élève de première générale rencontré au lycée Masséna de Nice à l'occasion d'une conférence que nous y avons faite en janvier 2020. Il nous a déclaré être « très performant en maths et aimer cela mais pas au point de vouloir se préparer à une carrière scientifique. » Mon objectif est de « faire des études en grande école de commerce prestigieuse, de préférence via une bonne classe préparatoire et d'y préparer une carrière dans la finance. J'ai donc logiquement l'intention, lors de mon passage en terminale, de choisir de cumuler l'enseignement de spécialité et les maths expertes ».

Question 24 Quelles sont les tendances concernant les « attendus » et les algorithmes locaux de classement sur Parcoursup ?

Comme beaucoup le savent désormais les formations supérieures qui recrutent leurs étudiants via le portail télématique Parcoursup (incontournable pour 97 % des places à prendre dans l'enseignement supérieur français en 2020) publient désormais systématiquement leurs « attendus ». Ce sont des listes de prérequis qui, sous forme de mise en œuvre d'algorithmes nationaux et locaux, servent de base au classement des candidats par les « commissions d'examen des vœux ».

Ce sont donc de véritables critères de sélection, non seulement pour les formations supérieures officiellement sélectives, mais aussi pour diverses licences universitaires « à effectifs contingentés » (ce qui veut dire qu'elles ne disposent pas de capacités d'accueil suffisantes pour accueillir l'ensemble des demandeurs d'admission et donc, *de facto,* procèdent à une sélection de leurs admis).

Chacun l'aura compris : les « attendus » et algorithmes de 2021 vont très probablement voir un nombre important de formations, notamment les formations sélectives et celles qui sont

« à effectifs contingentés », afficher leurs attentes concernant les choix qu'il sera bon d'avoir faits durant les années lycées. À l'heure où nous écrivons ce livre, ces informations ne figurent pas encore sur le site www.parcoursup.fr. Elles n'y feront leur entrée que lors de l'ouverture de la phase d'information le 21 décembre prochain. Il est toutefois possible d'anticiper cette information dans la mesure où un grand nombre de formations supérieures ont d'ores et déjà fait savoir ce que sont leurs attentes en ce domaine.

Ainsi, pour les classes préparatoires scientifiques BCPST, dans les « attendus » mis en ligne en 2020, il est mentionné la nécessité de « s'intéresser aux domaines de la biologie et de la géologie » et de « disposer de compétences attestées par de bons résultats obtenus en SVT, physique-chimie et mathématiques ». Autre exemple : pour l'admission en licence de « langues, littératures et civilisations étrangères », il est attendu que les candidats disposent d'un très bon niveau (niveau B) dans au moins une langue étrangère. Enfin, nous citerons le cas du DUT (désormais nommé « BUT ») techniques de commercialisation qui, dans ses attendus publiés en 2020, recommande aux candidats d'« avoir une connaissance suffisante de l'anglais et d'une seconde langue vivante », « une maîtrise écrite et orale du français », « un bon niveau de culture générale » et « connaissent avec efficacité les outils quantitatifs et/ou calculs fondamentaux (pourcentages, fractions, règles de proportionnalité) ». Il en va de même pour presque toutes les formations supérieures susceptibles de vous intéresser. Vous avez donc intérêt à vous y référer, et si possible, à en tenir compte au moment où vous effectuerez vos choix en sortant de seconde générale et technologique, puis de première générale.

Question 25
Ai-je ou vais-je réussir dans les enseignements optionnels choisis ?

Il ne suffira pas que vous ayez choisi les bons enseignements optionnels : il faudra en outre y avoir réussi !

Le bon choix des enseignements optionnels ne saurait se réduire à la seule mise en adéquation par rapport aux « attendus » (pré-requis) des diverses formations supérieures que vous envisagez d'intégrer. Comme chacun peut s'en douter, il faudra en outre que dans ces enseignements librement choisis, vous soyez parvenu à vous doter de connaissances et compétences suffisantes pour vous permettre de réussir les épreuves des concours auxquels vous serez confronté, de satisfaire les « commissions d'examen des candidatures » qui compareront les dossiers des candidats, et ensuite de réussir dans la filière intégrée, qu'elle soit sélective ou pas.

> C'est la mésaventure qui est arrivée à Daniela, élève de terminale S en 2019. « Lorsque j'étais en seconde, la plupart de mes professeurs – y compris mon professeur principal – m'ont conseillé de ne pas demander à entrer en première S, mes résultats en maths et en sciences n'étant que très moyens. Mes parents ont beaucoup insisté, allant jusqu'à faire appel d'une décision d'orientation vers la première ES qui m'aurait bien convenue, mais dont ils ne voulaient pas entendre parler, ne jurant que par le bac S. La commission d'appel ayant accédé à la demande de mes parents, j'ai dû entrer en S où j'ai eu du mal à obtenir un niveau global moyen. Conséquence : en fin de terminale, lorsque j'ai déposé des dossiers en vue d'entrer en classe préparatoire économique et commerciale,

je n'ai été prise dans aucune des quatre que j'avais demandées sur Parcoursup. Il faut dire que, là encore, sur insistance de mes parents, nous avons demandé des classes préparatoires de très bonne réputation. Je me suis retrouvée en licence de sciences éco à la fac où j'ai redoublé ma première année. Je suis sûre que si mes parents avaient accepté mon passage en ES cela se serait mieux passé. » Ce témoignage est très édifiant : Daniela a échoué parce qu'elle n'a pas pu acquérir les « attendus » nécessaires pour avoir des chances de réussite dans les études supérieures désirées. Ce n'est pas son profil de bachelière S qui est en cause, mais son profil de bachelière S trop moyenne pour prétendre à un objectif très ambitieux.

Nous ne pouvons donc que vous inviter à systématiquement accompagner votre réflexion sur le choix des « bons » enseignements optionnels, par une réflexion sur votre capacité à y réussir. Une telle démarche peut être porteuse de frustration en ce sens qu'elle devrait logiquement conduire certains d'entre vous à renoncer à une orientation pourtant fortement désirée, pouvant aller jusqu'à un projet professionnel fortement motivant, mais auxquels les réalités de votre bilan scolaire et personnel vous conduisent à renoncer, à votre cœur défendant ! C'est ce qui fait dire à certains que le conseil en orientation peut parfois être « rabat-joie » ! C'est vrai ! Mais à quoi bon persévérer sur une voie qui conduit à une très grande probabilité d'échec, quand il est encore temps d'y renoncer, donc faire une sorte de « travail de deuil », et envisager d'autres perspectives ?

“ C'est ce qu'a compris Marine B. qui rêvait de devenir médecin, et a réalisé dès sa classe de première qu'elle n'y parviendrait pas. Lucide, elle a beaucoup réfléchi sur ce qui pourrait l'intéresser comme études et carrières alternatives. Deux stages l'ont convaincue que son attrait pour les carrières de la santé, en milieu hospitalier de préférence, était fondamental pour elle. Elle a décidé de se préparer à une carrière d'infirmière en présentant avec succès la sélection sur dossier Parcoursup en vue d'entrer dans un Institut de formation aux soins infirmiers (IFSI). Elle est aujourd'hui étudiante en troisième année, s'est portée volontaire pour apporter sa contribution dans un hôpital public au moment de la pandémie de coronavirus qui a frappé le monde au printemps 2020, et y a ressenti une grande et juste fierté. À la question que nous lui avons posée, de savoir si elle regrette de ne pas pouvoir exercer en tant que médecin, elle répond « un peu oui, mais de moins en moins. Avec le métier d'infirmier j'exerce dans le milieu qui me convient, et je contribue moi aussi à soigner les autres, et même parfois à sauver des vies. Je suis heureuse ainsi ! ». Bravo Marine : c'est ce qui s'appelle réussir.

Question 26
Est-ce que je fais partie des élèves dits « moyens » ?

Statistiquement, 35 % des élèves de terminale affichent une moyenne générale qui se situe entre 09/20 et 11/20. C'est typiquement ce que l'on appelle les élèves moyens. Ils n'ont pas bonne réputation, tout particulièrement aux yeux des membres des « commissions d'examen des candidatures » (jurys), chargés de classer les candidats à l'admission en première année d'une formation supérieure.

Répartition des élèves des classes de terminale, selon leur moyenne générale (1)

Moyenne générale obtenue sur l'ensemble du parcours première/terminale	
Entre 20 et 16/20	4%
Entre 15,9 et 14/20	15%
Entre 13,9 et 11/20	20%
Entre 10,9 et 9/20	35%
Entre 8,9 et 6/20	20%
5,9/20 ou moins	6 %

1. Enquête réalisée en 2019 sur un échantillon représentatif de 17 000 lycéens des voies générale, technologique et professionnelle. Source : Direction de l'évaluation, de la prospective et de la performance du Ministère de l'Éducation nationale.

C'est une population d'élèves fragilisée par un bilan scolaire peu honorable. Est-il besoin d'insister sur le fait que lorsque ce genre de candidat postule dans une formation supérieure sélective, il est le plus souvent victime d'un handicap scolaire difficile à surmonter. Comme nous le déclare Gilles, professeur principal au lycée Saint-Charles de Saint-Brieuc, « ces élèves moyens n'ont guère de chance de voir leurs candidatures en vue d'entrer dans une formation supérieure sélective suivies de réponses positives. Presque partout dans ce cas, ils sont en concurrence avec d'autres candidats dont les dossiers témoignent qu'ils sont porteurs d'un meilleur bilan scolaire. Il est vrai que quelques-uns parviennent à compenser en partie ce handicap grâce à des compétences et connaissances acquises dans le cadre de leur développement personnel, mais cela ne va pas très loin : pour les bacheliers, le bilan scolaire reste le critère principal de recrutement des formations sélectives. »

Alors, doit-on considérer que les candidats moyens sont porteurs de tels handicaps que leur passage dans l'enseignement supérieur sera inévitablement très problématique ? Pas forcément, et ce pour plusieurs raisons.

Question 27
Quelle stratégie adopter si je fais partie des élèves dits « moyens » ?

Il convient de bien distinguer deux types d'élèves « moyens » : les « moyens en tout ou quasiment tout » et « les moyens parce que franchement bons dans certains enseignements et franchement mauvais dans d'autres ».

Prenons deux cas pour bien comprendre cette différence.

> Au lycée, Erwan était typiquement un élève « moyen en tout ». Scolarisé en terminale générale économique et sociales, il affichait une moyenne générale de 9,8/20, et lorsqu'on entrait dans les détails pour chaque discipline, on constatait que sa meilleure moyenne n'était que de 11/20, et sa plus basse de 8,9/20. Rien de génial, rien de catastrophïque non plus. Le genre « 9/11 ». Ses professeurs avaient eu beau lui dire constamment qu'il s'en serait bien mieux sorti s'il avait plus travaillé, rien n'y a fait.

> Autre cas : celui de Julien, qui fut également élève de terminale générale économique et sociale, et dont la moyenne générale était quasi identique à celle d'Erwan : 10,1/20. Mais à la différence de ce dernier, Julien était bon dans plusieurs disciplines (15/20 en sciences économiques et sociales, 14/20 en histoire-géographie, 14,2/20 en anglais, 16/20 en italien), et franchement mauvais dans certaines autres (4/20 en mathématiques, 6/20 en philosophie). Le genre « 16/4 », franchement bon dans certains enseignements, franchement mauvais dans d'autres. La moyenne de Julien est très semblable à celle d'Erwan, mais pour ce qui est du potentiel de choix des études supérieures,

ce n'est pas du tout la même chose. Disons-le tout net : autant le cas d'Erwan est très problématique, autant celui de Julien ne devrait guère poser de problème. Pourquoi cela ?

Pour chacune des formations supérieures sélectives qu'il envisageait de demander, Erwan était confronté à la concurrence de candidats meilleurs que lui. Très logiquement, il n'a reçu aucune réponse favorable. Il n'a donc pu que se rabattre par défaut sur une demande d'admission dans une formation universitaire non sélective. Il a opté pour une licence d'administration économique et sociale dans laquelle il a eu beaucoup de mal à passer en deuxième année (il n'y est parvenu qu'après un redoublement). Au moment où nous rédigeons ce livre, il est en fin de deuxième année de la licence AES et continue de cheminer ainsi qu'il l'avait fait au lycée : de façon très « moyenne ».

Il en alla tout autrement pour Julien, qui a pu prendre appui sur les disciplines dans lesquelles il était en situation de réussite, et notamment les langues étrangères. Contrairement à Erwan, Julien a pu trouver une formation supérieure conforme à ses talents de bon élève en anglais et italien, et porteur d'un bon niveau de culture générale. Il a opté pour une formation sélective : un « bachelor in international business » qu'il n'a eu aucun mal à intégrer car les épreuves du concours Sésame sont fondées sur une série d'épreuves qui correspondaient bien aux enseignements dans lesquels il avait fait ses preuves au lycée. Quant à ses grosses difficultés en mathématiques, il a pu les surmonter dans la mesure où il n'y a pas d'épreuve de mathématiques proprement dites au concours Sésame, mais une épreuve de logique qui lui a permis de tirer son épingle du jeu.

Dans ce cas, il est bon de plus particulièrement porter ses efforts sur les disciplines dans lesquelles on est en situation de réussite.

Les élèves de niveau moyen s'entendent souvent dire, et à juste titre, qu'avec une montée en puissance de leur travail scolaire, ils pourraient rejoindre le groupe des élèves assez bons, voire bons, qui sont porteurs d'un réel potentiel d'accès à de bonnes formations supérieures. Nous ne pouvons qu'encourager celles et ceux d'entre vous qui êtes dans une telle situation aux niveaux seconde/première, à suivre ce judicieux conseil. C'est cependant plus facile à dire qu'à faire. Nombre d'élèves de ce type ne le peuvent pas. Mais certains d'entre eux pourraient trouver une formule du moindre mal qui serait de s'investir sur certaines disciplines dans lesquelles ils sont à l'aise, quitte à en sacrifier d'autres. À défaut de pouvoir relever vos résultats dans toutes les disciplines, efforcez-vous de le faire dans une partie d'entre elles, afin de pouvoir prendre appui dessus lors de votre orientation vers l'enseignement supérieur. C'est le pari réussi par Adeline, dont nous vous présentons le témoignage.

Adeline, qui s'est mise à travailler les quelques disciplines qui comptaient le plus fortement compte tenu de son projet d'études supérieures.

Adeline était en seconde générale et technologique en 2017. Ayant obtenu une moyenne générale de 10,8/20, elle souhaitait entrer en première générale scientifique, puis dans une école d'ingénieurs agronomes. Consciente que l'admission dans ce genre d'écoles est sélective et que cela n'irait pas avec un bilan scolaire trop moyen, elle est entrée en première générale scientifique en étant bien décidée à plus travailler. « Je ne me sentais pas de le faire pour toutes les disciplines. J'ai donc décidé de faire un gros effort pour améliorer mes résultats dans les disciplines qui étaient au programme des concours d'accès à ces écoles : les maths, la physique-chimie, les sciences de la vie et de la Terre et l'anglais. J'ai par contre laissé filer les choses en histoire-géo, philo et espagnol. Quand je dis « filer les choses », ça ne veut pas dire que j'ai totalement arrêté de bosser ces disciplines, mais que j'ai fait le minimum nécessaire pour ne pas avoir de trop mauvaises notes. Je suis donc devenue une sorte de « pure scientifique », et cette stratégie a bien fonctionné puisque j'ai réussi à entrer dans une bonne école d'agronomie : l'UniLaSalle de Beauvais ».

PARTIE 5

Se projeter grâce à un projet professionnel

Question 28
Suis-je en mesure de fonder mes choix d'orientation sur un projet professionnel ou pas encore ?

Certains élèves de terminale sont porteurs d'un projet professionnel suffisamment motivé et stabilisé pour fonder leurs choix d'études supérieures sur cette vision de leur avenir. Nous pouvons tous faire le constat que de telles situations existent : les élèves qui déclarent « je souhaite devenir médecin, professeur des écoles, pilote de l'aviation civile, journaliste, infirmier(ère), militaire de carrière » ou toute autre profession, sont nombreux.

Une partie des lycéens ont donc suffisamment réfléchi à cette vision de leur futur pour être en mesure d'entamer dès la première année de leurs études supérieures une formation professionnelle centrée sur leur objectif professionnel. D'autres au contraire, n'y sont pas encore parvenus ou de façon trop vague et trop changeante pour permettre de tenir compte de ce critère au moment du choix. Deux cas de figure donc, qui posent des problèmes très différents pour ce qui est du choix des études supérieures.

Question 29
Quel cursus correspond le mieux à mon projet professionnel ?

Pour celles et ceux qui sont parvenus à élaborer un objectif professionnel.

> **Serge, élève de terminale générale à profil scientifique, pour qui une carrière de médecin apparaît comme une évidence.**
>
> Il n'a évidemment pas eu de mal à repérer et choisir la filière d'études supérieures la plus adaptée à un tel objectif : la première année du premier cycle universitaire des études de santé (ex PACES, désormais nommée PASS). Ce choix allait presque de soi ! Il avait d'ailleurs anticipé ce choix lorsqu'il était en classe de seconde : « Il était clair que je ferais une carrière scientifique. Le choix de la première avec enseignements de spécialité scientifiques est donc allé de soi. Je savais en outre que cette admission ne serait pas automatique puisque cette filière est doublement sélective : pour entrer en première année d'abord, puis pour être admis à passer en deuxième année. J'ai donc beaucoup travaillé afin d'acquérir les connaissances et compétences sans lesquelles on ne franchit pas de tels obstacles. »
>
> Aujourd'hui, Serge est en quatrième année de médecine, et tout porte à croire qu'il ira au bout et atteindra son objectif.

Une étude de l'Onisep datant de 2019 avait abouti au constat que cette capacité à fonder le choix des études supérieures sur un objectif professionnel est particulièrement importante pour les futurs bacheliers professionnels (88 % d'entre eux sont dans ce cas fin décembre de l'année de terminale). Inversement, les élèves de terminale générale ne sont que 30 % dans cette situation. Les futurs bacheliers technologiques occupent une position intermédiaire : ils sont 61 % à être porteurs d'un projet professionnel suffisamment stabilisé pour pouvoir être un bon critère de choix de leurs études supérieures. Ces chiffres sont à la fois éloquents et très logiques compte tenu des caractéristiques de ces trois types de formation secondaire.

Dans de tels cas, pourquoi ne pas frapper dès l'après-bac à la porte de formations bien ciblées sur une profession précise ou sur une « famille de métiers » ? Ce fut le cas pour Pierre, élève de terminale STMG en 2016, fortement motivé par la perspective de travailler dans le commerce international. Pour cela, il souhaitait intégrer une grande école de commerce et management mais a très vite écarté la possibilité de passer par une classe préparatoire économique et commerciale qui ne lui convenait pas. Prudemment, il a choisi un cursus d'études « par étapes successives », en commençant par un premier parcours en deux ans en vue de se doter du BTS commerce international. Il s'est ensuite porté candidat pour se faire admettre en première année de l'école SKEMA de Nice par ce qu'il est convenu de nommer « les procédures d'admission parallèles » (concours parallèle). Il y est parvenu en 2018. « Pour moi, dès mes années lycée, j'étais porté par une sorte d'évidence : ma motivation pour des études supérieures professionnelles en commerce international allait de soi. »

Question 30
Comment effectuer mes choix d'orientation si je n'ai pas encore défini de projet professionnel ?

D'autres, par contre, ne sont pas encore parvenus à un stade de maturité suffisante pour choisir leurs études supérieures en fonction du débouché professionnel. Les chiffres qui ressortent de l'enquête de l'Onisep que nous venons de citer montrent que c'est très souvent le cas pour les élèves de terminale générale (70 %), plus rare chez les futurs bacheliers technologiques (39 %) et très peu fréquent chez les élèves des diverses classes terminales professionnelles (12 %).

Une partie de ces élèves indéterminés quant à leur avenir professionnel n'est parvenue qu'à une vague idée du métier ou du secteur professionnel pour lequel ils sont faits, idée peu stabilisée et qui pourrait donc encore changer. D'autres sont dans le vague absolu. Dans les deux cas, hors de question de se lancer dans l'immédiat dans une formation professionnelle. Si vous vous trouvez dans ce cas de figure, nous vous recommandons d'attendre deux ou trois années de plus avant de choisir des études supérieures professionnelles, et pour cela de commencer par une première étape en premier cycle d'enseignement supérieur général (en licence ou en classe préparatoire).

Sylvain, élève de terminale générale économique et sociale, qui n'avait aucune idée de son avenir professionnel.

À quelques jours de la date limite des préinscriptions sur Parcoursup, Sylvain n'avait aucune idée de ce que pourrait être son avenir professionnel. Il ne pouvait donc pas se porter candidat pour une éventuelle admission en formation professionnelle de type IUT, BTS, école spécialisée, bachelor... Un tel choix aurait été irrationnel compte tenu de son absence de projet professionnel qui se serait vite vu lors de l'entretien de motivation ou dans sa lettre de motivation. « J'ai donc suivi le conseil de mon professeur principal : commencer par une première étape d'enseignement supérieur général afin de repousser de deux ou trois ans le moment du choix d'une formation professionnelle. J'ai opté pour une licence de droit, parce que ses enseignements sont très généralistes en premier cycle et permettent de se préparer à une spécialisation mais pas avant le deuxième cycle. De plus, les programmes des diverses matières enseignées me convenaient. Enfin, j'avais acquis au lycée des connaissances et compétences qui me semblaient tout à fait compatibles avec les “attendus” des licences de droit ».

Aujourd'hui, Sylvain est en deuxième année de master de « droit des affaires », et se prépare à une carrière en tant que juriste d'affaires spécialisé en droit anglo-saxon. Cette cible professionnelle lui est apparue à l'issue d'un stage qu'il a accompli à Londres, dans un cabinet d'avocats d'affaires, alors qu'il était en fin de deuxième année de licence.

Si vous êtes dans un tel cas, il faut commencer par vous efforcer de ne pas ajouter à un tel handicap celui du découragement qui pourrait vous démobiliser.

Autre risque que peut induire une telle situation : ne sachant pas comment choisir, certains élèves acceptent de confier à d'autres (des adultes le plus souvent, tels leurs parents, leurs professeurs, un conseiller d'orientation...) le soin de choisir à leur place. Dans quelques cas, cela peut s'avérer efficace car certains adultes peuvent mieux vous connaître que vous-même. Cependant, il nous semble préférable que chaque élève soit acteur de sa propre orientation, ne serait-ce que parce que ce qui se joue c'est sa possible réussite dans ses « années études » secondaires puis supérieures, mais aussi durant toute sa vie professionnelle. Enrichir votre réflexion par leurs observations et conseils oui, les laisser prendre la décision à votre place, non ! N'oubliez jamais que l'avenir qui se joue par de telles décisions c'est le vôtre !

Valérie qui, comme beaucoup d'autres, ne savait pas de quoi son avenir sera fait

« Au lycée, je préparais tranquillement mon bac L, sans être pour autant porteuse d'un projet de métier, et sans idée d'une formation supérieure qui m'attirerait particulièrement. À l'approche de l'ouverture de la procédure Parcoursup, j'ai senti monter en moi une sorte d'angoisse : que choisir ? J'ai eu beau consulter mon prof principal, le conseiller d'orientation de mon lycée, visiter deux salons de l'orientation... Rien ne m'attirait particulièrement. Quant à mes parents, ils ne juraient que par les classes préparatoires et me disaient qu'il serait toujours temps d'opter pour une formation professionnelle plus tard. Je comprenais bien ce raisonnement mais les prépas c'est sélectif et j'étais une élève plutôt moyenne. C'est mon prof d'anglais qui m'a sauvé la mise ! Comme j'étais bonne en anglais et espagnol, Il m'a conseillé de choisir des études universitaires générales en langues en me disant que j'allais y être à l'aise, et donc probablement réussir. Une journée portes ouvertes à la fac m'a en effet donné ce sentiment. Je me suis donc inscrite en vue d'entrer en premier cycle « langues étrangère appliquées » anglais/espagnol et j'y ai ajouté une troisième langue, le portugais. Aucune idée de métier cependant, mais en prenant cette décision, je savais que je disposerais de trois années supplémentaires pour réfléchir à mon avenir professionnel.

Mon parcours d'études s'est très bien déroulé. C'est à l'occasion d'un stage dans le service « export » d'une grande entreprise que j'ai découvert ma vocation pour le management international. J'ai donc décidé de me présenter aux épreuves du concours « passerelle » qui permet à des étudiants détenteurs d'une licence de frapper à la porte d'une dizaine de grandes écoles de commerce et management, dont une qui m'attirait plus particulièrement : Grenoble École de management. J'y ai été admise en première année et là je m'y prépare à une carrière d'acheteuse internationale ». En conclusion, elle conseille aux lycéens qui ne savent pas quoi choisir de « faire preuve d'esprit logique en optant pour une formation supérieure provisoirement générale afin de se donner du temps avant de se fixer sur une formation professionnelle, en s'orientant vers une formation générale qui affiche des "attendus" dont ils sont porteurs, et ensuite, faire confiance aux stages, aux rencontres... pour que le projet professionnel finisse par survenir ».

Notre conseil si vous êtes dans une totale ou grande indétermination quand à votre avenir professionnel : optez de préférence pour un premier cycle d'enseignement supérieur général. Le professionnel ça viendra, mais plus tard !

Avantage dans ce cas : on reporte à plus tard le moment où il est possible de demander son admission dans une formation professionnelle, à un moment où vous serez réellement porteur d'un projet dans lequel la dimension professionnelle est bien une composante importante, susceptible d'être présentée aux membres des jurys des établissements recruteurs. C'est le choix qu'a fait Gaëlle, étudiante en deuxième année de classe préparatoire littéraire : « J'ai choisi de demander mon admission en prépa parce que je n'avais pas la moindre idée d'un métier que j'aimerais exercer plus tard, et qu'en outre, mon bilan scolaire me permettait d'espérer correctement réussir dans de telles études supérieures. » Elle ne savait alors pas ce qu'elle en ferait plus tard, mais elle avait le sentiment d'entrer dans une formation qui la motivait, et pour laquelle elle était bien armée pour réussir car au lycée, elle avait fait ses preuves. Sa vocation professionnelle lui est venue en cours de première année de classe préparatoire, grâce à un stage effectué au sein de la rédaction d'un quotidien régional. Elle a alors décidé de se présenter à trois concours d'entrée dans des grandes écoles de journalisme. Reçue à deux d'entre eux, elle a opté pour l'École supérieure de journalisme de Lille où tout se déroule bien. Gaëlle sera journaliste !

Question 31
La stratégie du choix d'études supérieures courtes pour rebondir vers des études plus longues est-elle faite pour moi ?

Pour un élève de terminale, il est important de se poser la question du choix entre des études supérieures courtes ou longues, tant les différences sont grandes entre ces deux types de cursus de formation, ainsi que le niveau de qualification professionnelle auquel vous pourrez prétendre à leur issue. Pour certains étudiants, choisir des études supérieures courtes pour ensuite rebondir vers des études plus longues peut s'avérer une excellente stratégie.

Pour savoir si tel est votre cas, vous devez commencer par vous faire une claire idée de ce que sont ces diverses formations, de ce qui les différencie des études supérieures longues, mais aussi des passerelles qui peuvent relier les unes aux autres. En particulier, nous vous invitons à bien réfléchir à une logique stratégique qui peut s'avérer bénéfique dans la mesure où il est possible (à diverses conditions) de se doter d'un diplôme sanctionnant un cycle d'études longues, en commençant par une première étape d'études supérieures courtes.

Question 32
Quels sont les différents types d'études supérieures courtes ?

Dans la quasi-totalité des systèmes d'enseignement supérieur, on qualifie de courtes, les cursus d'études qui conduisent à des diplômes de l'enseignement professionnel de niveau bac+2/3. Cette définition large explique l'absence de la licence ou des « doubles licences » dans la liste qui suit. Bien qu'étant de niveau bac+3, de tels diplômes ne permettent pas de se prévaloir d'une qualification professionnelle car ils valident des cursus d'enseignements strictement ou quasi strictement généraux. Ils ne sont donc que la première étape d'un parcours d'études plus longues, l'enseignement professionnel ne survenant alors qu'au niveau deuxième, voire troisième cycle.

Liste des diplômes de l'enseignement supérieur professionnel court (France, 2020)

Les brevets de techniciens supérieurs (BTS, bac+2)

Les diplômes universitaires de technologie (DUT, bac+2)

Les diplômes des métiers d'art (DMA, bac+2)

Les diplômes d'études universitaires scientifiques et techniques (DEUST, bac+2)

Le diplôme de comptabilité et de gestion (DCG, bac+3)

La plupart des « bachelors » (BA, bac+3) (1)

Les diplômes ou titres délivrés à l'issue d'écoles professionnelles spécialisées diverses (bac+2/3)

Les licences professionnelles (bac+3)

Divers « diplômes d'université » de premier cycle (DU, bac+2/3)

Etc.

---

1. Certains « bachelors » se délivrent au terme d'un parcours d'études supérieures en quatre années et non simplement trois. Ils portent souvent un nom spécifique : les programmes BBA (bachelor of business administration). Dans le monde anglo-saxon, on les qualifie de *« bachelor with honour »*. Ils occupent donc une position intermédiaire entre études supérieures courtes et longues.

Question 33
Quels sont les différents types d'études supérieures longues ?

On qualifie de « longues » les études supérieures qui, pour parvenir à un diplôme permettant de frapper à la porte du marché du travail, nécessitent un parcours en cinq années au moins. Pour avoir le droit d'exercer certains métiers en tant que « professionnel libéral » ou parce que la qualification requise nécessite des études plus poussées, certains parfois exigent 6, 7, 8 années d'études, voire plus dans quelques rares cas. C'est ce qui fait dire que les études longues peuvent être très longues ! Rassurez-vous : le plus souvent, à compter de bac+6 de tels diplômes peuvent être préparés tout en exerçant un métier, donc en bénéficiant d'une rémunération.

Liste des diplômes de l'enseignement supérieur long (France, 2020)

Les « masters » universitaires (bac+5)
Les magistères universitaires (bac+5)
Les « masters » grandes écoles (bac+5)
Les diplômes de grandes écoles hors « masters » (bac+5 ou plus)
Les « masters of business administration » (MBA, bac+5/6)
Les « mastères spécialisés » de grandes écoles (MS, bac+6)
Les doctorats (bac+8 et plus)
Le diplôme d'État de docteur en chirurgie dentaire (bac+6 et plus)
Le diplôme supérieur de comptabilité et de gestion (DSCG, bac+5) et le diplôme d'expertise comptable (DEC, bac+8).
Le certificat d'aptitude à la profession d'avocat (CAPA, bac+7 ou plus)
Etc.

Question 34
Combien de temps suis-je prêt(e) à attendre avant d'entrer sur le marché du travail ?

Vous poser la question de la durée des études supérieures que vous êtes prêt(e) à vivre est chose fort utile. Si vous ne désirez pas vous engager dans un parcours que vous considérez comme étant trop long, et souhaitez vous préparer à exercer une activité professionnelle aussi rapidement que possible, vous disposez de multiples formations qui ne vous mobiliseront que deux ou trois années, et vous doteront d'une qualification professionnelle suffisante pour « voler de vos propres ailes ».

Question 35
Quelle est la nature de mon ambition ?

Les élèves qui optent pour des études supérieures professionnelles courtes et, sans complexe, décident de s'en contenter, sont parfois accusés de manquer d'ambition en ne cherchant pas à « aller plus haut » dans leurs études. Nous ne partageons pas ce point de vue.

Comme on le voit à plusieurs reprises dans ce livre, nombreux sont les étudiants parvenus à se doter d'un diplôme de l'enseignement supérieur court qui s'efforcent de prolonger leur formation pour tenter d'obtenir une meilleure qualification et donc nourrir des ambitions supérieures à celles que permettent les diplômes de niveau bac+2/3. Mais outre le fait qu'il n'y a rien d'infamant à ne pas s'engager ensuite dans des études plus longues, nombreux sont ceux qui font remarquer que le niveau de qualification acquis à bac+2/3 peut être porteur de belles promesses de réussite professionnelle, quand d'autres ne parviendront pas à une réussite aussi satisfaisante bien que nantis d'un diplôme de master, par exemple. C'est donc « à chacun son truc » !

> Ce fut le raisonnement de Maxence, élève de terminale générale du lycée Fénelon de La Rochelle, qui désirait très fortement se former en vue d'entrer dans l'armée de Terre. Son niveau ne lui interdisait pas d'espérer rejoindre un jour la prestigieuse grande « École spéciale militaire de Saint-Cyr » de niveau bac+5, fabrique de l'élite des officiers de l'armée de Terre. Mais François ne nourrissait pas une aussi grande ambition : il voulait rejoindre l'armée, mais « vite, et peu importe si c'est en tant que sous-officier plutôt qu'officier ». Il s'est donc présenté avec succès au concours d'entrée à l'École nationale des sous-officiers d'active de l'armée de Terre de Saint-Maixent, proche de sa résidence de La Rochelle. « Je serai donc sous-of' ! Et alors ? » lance-t-il un brin provocateur.

Ainsi, lorsqu'on choisit de faire uniquement des études supérieures professionnelles courtes, on est destiné à exercer en début de carrière ce que l'on nomme une « profession intermédiaire ».

Derrière l'expression « profession intermédiaire » se cache le fait que chaque diplôme de l'enseignement professionnel est hiérarchiquement positionné dans le très officiel Répertoire national des certifications professionnelles (RNCP). À chaque formation professionnelle se rattachent un niveau de qualification et un domaine précis d'activité. Du niveau 1 (qui est le niveau de base, celui des personnes qui n'ont acquis ni diplôme ni certificat de qualification professionnelle) au niveau 8 (qui correspond aux personnes ayant pu se doter d'un doctorat ou équivalent), il existe donc une échelle officielle internationale de classification des niveaux de formation et qualification. Les formations que nous avons précédemment présentées comme étant « courtes » correspondent au niveau 5 pour les diplômes de type bac+2 (BTS,...) et au niveau 6 pour les diplômes de type bac+3 (bachelors, licences professionnelles, DCG, diplômes d'écoles professionnelles spécialisées en trois ans...). Elles permettent de se porter candidat à des emplois qualifiés d'« intermédiaires » en ce sens que dans la hiérarchie des professions, ils occupent une place intermédiaire entre les métiers les plus subalternes, et ce que l'on nomme les « professions supérieures », donc avec master ou plus).

Cependant, pour accéder à des « professions supérieures » dès la fin des études initiales, l'acquisition de diplômes de l'enseignement supérieur long est très fortement recommandée. C'est même strictement obligatoire pour l'exercice de certaines professions réglementées telles celles d'ambassadeur, architecte, avocat, chirurgien-dentiste, conservateur de musée, directeur d'hôpital, expert-comptable, ingénieur, lieutenant de police, magistrat, médecin, notaire, officier de l'armée, pharmacien, pilote de l'aviation civile, psychologue, professeur, vétérinaire, etc.

Bon à savoir : dans nombre de secteurs d'activité, faire ses premiers pas au niveau « intermédiaire » ne signifie pas qu'on devra y rester toute sa vie professionnelle. Par la suite, en fonction du développement de ses compétences, il arrive à certains d'être appelés à « gravir un ou plusieurs échelons » grâce à ce qu'il est convenu d'appeler « la promotion interne ». Fort heureusement, une carrière ne se construit pas uniquement sur les diplômes acquis au cours de la formation initiale : elle est aussi fonction des acquis de l'expérience professionnelle de chacun.

Question 36 Comment rebondir d'une formation supérieure courte vers une formation longue ?

Quelle stratégie adopter pour parvenir, par étapes, à un diplôme de l'enseignement supérieur long en commençant par un diplôme d'études courtes ? Il existe en effet plusieurs façons de parvenir à un diplôme de niveau bac+5 ou plus.

Trois exemples très édifiants

Daniel, élève de terminale STMG, vise le diplôme d'expert-comptable (DEC), de niveau bac+8. Plusieurs voies d'accès se présentent à lui. Il peut entrer dans la filière comptable supérieure et y préparer d'abord le diplôme de comptabilité et de gestion (DCG) en trois ans, puis le diplôme supérieur de comptabilité et gestion (DSCG) en deux années complémentaires, et terminer ce long parcours par les trois années supplémentaires qu'exige la préparation du DEC. C'est la voie la plus directe. Mais grâce à des jeux d'équivalence, il peut aussi passer par une licence de sciences économiques, de sciences de gestion ou encore une licence professionnelle comptabilité, suivie d'un master « comptabilité/contrôle/audit » et bénéficier d'équivalences partielles mais larges du DSCG auxquelles il lui faudra ajouter la réussite aux « unités de valeur » qui lui manquent, et enfin terminer par les trois années du cycle DEC. Un même système d'équivalences s'offre aux étudiants de certaines grandes écoles de commerce et management. Autres façons de procéder : commencer par un BTS ou un BUT (ex DUT) comptabilité et entrer sur équivalence en troisième année du premier cycle DCG. Au total, il existe une dizaine de voies permettant d'accéder à la plus haute marche (le DEC), parmi lesquelles plusieurs sont du domaine de l'enseignement supérieur professionnel court. C'est ce qu'a bien compris Daniel qui a opté pour le DUT gestion des entreprises et des administrations (GEA) option comptabilité. Il est ensuite entré en licence professionnelle comptabilité (troisième année, sur équivalence). Il a ensuite rejoint le deuxième cycle DSCG et est actuellement en formation de troisième cycle en vue de se présenter l'an prochain aux épreuves finales du DEC, avec de solides chances d'y parvenir. « Je savais dès le départ qu'ayant préparé un bac STMG, je n'étais pas le mieux armé pour passer par la voie universitaire ou celle des grandes écoles. J'ai donc choisi de commencer par un DUT (diplôme progressivement remplacé par le « bachelor universitaire de technologie »), tout à fait dans mes cordes, sachant que ma réussite dans une telle filière me permettrait de rejoindre ensuite la filière classique ». Pari gagné pour Daniel.

Autre exemple : celui de Maella, élève de terminale générale ES au lycée Audiberti d'Antibes qui rêvait de devenir avocate. Pour cela, il lui fallait bien sûr commencer par se doter d'une licence de droit, puis d'un master de droit suivi d'un troisième cycle préparatoire au « certificat d'aptitude à la profession d'avocat » (CAPA). Une journée portes ouvertes à l'université l'a convaincue qu'il serait préférable pour elle de contourner les premières années de la licence de droit, « car elles se caractérisent par des effectifs de masse peu encadrés, font beaucoup appel aux capacités de travail autonome des étudiants, et affichent en fin de première année des taux d'échec de près de 70 %, toutes choses qui m'ont fait très peur ». Lors de cette journée portes ouvertes, elle découvre qu'à l'IUT de Nice on propose une formation en deux ans conduisant au DUT carrières juridiques. En discutant avec un professeur de cet IUT, elle découvre qu'il existe une possibilité de passer de l'IUT en deuxième, voire troisième année de la licence de droit, donc de contourner ce qu'elle ne voulait pas vivre : la première année de la licence de droit. Il faudra pour cela demander une équivalence et la réponse sera fonction de la qualité de son parcours. Maella est donc entrée en première année de cet IUT, et y a accompli un fort bon parcours. Forte de sa réussite scolaire et de sa motivation, elle a obtenu une équivalence de la L1 de droit et d'une bonne partie des « unités de valeurs » de L2. Ensuite tout s'est déroulé positivement.

Troisième cas intéressant, celui deRaphaël, bachelier technologique STI2D qui désirait plus que tout faire des études en école d'ingénieurs de bonne réputation. Il savait que pour cela, il est possible de commencer par une première étape de deux ans en classe préparatoire « technologie et sciences industrielles » (TSI), recrutant une large majorité de bacheliers STI2D, puis de se présenter aux concours d'admission dans de telles écoles. Toutefois, bien que nanti d'un bon bilan scolaire qui lui aurait probablement suffi pour y être admis, il a préféré passer par le BTS « conception et réalisation de systèmes automatiques », dans l'intention de se présenter deux ans après aux « procédures d'admissions parallèles » en grande école d'ingénieurs. Pourquoi un tel choix ? Raphaël craignait, en cas d'échec aux concours, de se retrouver sans aucun diplôme, « alors qu'avec une première étape en BTS je pourrai me doter a minima de ce diplôme et trouver un emploi ». De plus, « je ne me sentais pas apte à subir la pression du travail scolaire que nécessite le passage pendant deux ans en prépa ». Enfin, « je savais que la plupart des écoles d'ingénieurs de ce type proposent chaque année un quota de places réservées à des étudiants "hors prépas", passés par des BTS, DUT, licences… sélectionnés sur des procédures dites "d'admission parallèles". C'est ce qui m'a finalement décidé ! »

De l'enseignement supérieur professionnel court aux diplômes de l'enseignement supérieur professionnel long par les procédures d'admissions parallèles

Du ou de la	A/Aux
BTS/DUT/DEUST et autres diplômes bac+2	Grandes écoles à recrutement principal en classes préparatoires (1), deuxième année de certaines licences
Troisième année de certains bachelors (2)	Troisième année de licence pro (3)
Deuxième ou troisième année de licence générale (4)	Bachelors, Grandes écoles à recrutement principal en CPGE (1)
Bachelors	Grandes écoles à recrutement principal en CPGE (1) Deuxième année de certaines grandes écoles (5)
DCG	Deuxième cycle DCSG
Licence professionnelle	Deuxième cycle universitaire master professionnel (6)

1. Il s'agit de grandes écoles de type « bac+2+3 » et donc d'une possibilité d'accès en première année de la grande école.

2. Les bachelors sont pour la plupart de format bac+3. Certains d'entre eux s'ouvrent à de telles admissions parallèles en troisième année.

3. La licence pro est une troisième année post L1 + L2 générale. On y trouve donc des étudiants issus du cycle licence, et d'autres provenant de diverses formations supérieures professionnelles courtes.

4. Sur demande d'équivalence. Seuls d'excellents candidats obtiennent une admission directe en L3.

5. Il s'agit des mêmes grandes écoles que celles présentées en (1) ci-dessus. Si la plupart s'ouvrent à de telles admissions parallèles pour une entrée uniquement en première année, quelques-unes acceptent d'intégrer certains candidats directement en deuxième année.

6. Il existe deux catégories de « masters » universitaires : ceux qui sont dits « professionnels », et ceux qui conduisent plutôt aux carrières universitaires et à la recherche. Les détenteurs d'une LP ne peuvent demander une admission parallèle qu'en vue d'un « master pro ».

Attention : le passage de ces formations professionnelles courtes aux divers cursus longs que nous venons de présenter est presque toujours sélectif, sur concours et/ou sur dossier. C'est ce qu'il est convenu de nommer les « procédures d'admissions parallèles ».

Sauf pour le cas particulier de la filière comptable (le passage en deuxième cycle DSCG est automatique pour ceux qui réussissent à se doter du DCG), les heureux élus se mêlent à d'autres étudiants passés par les classes préparatoires ou le cycle universitaire licence. À noter : les taux de réussite sont tout aussi bons pour les uns que pour les autres.

PARTIE 6

Développer des compétences qui feront la différence

Question 37
Quel est mon niveau en langues étrangères et est-ce important ?

De plus en plus de formations supérieures attachent aujourd'hui une grande importance au fait que les candidats soient porteurs d'un « esprit international ». Par « esprit international », nous entendons le fait d'avoir acquis un bon niveau au moins en anglais, voire dans une langue supplémentaire mais pas uniquement.

> « C'est là une condition basique, mais il faut aussi ajouter ce que Michel, professeur de géopolitique à l'Institut d'études politiques de Lille nomme « l'intelligence internationale ». « Savoir bien s'exprimer en espagnol, par exemple, est une bonne chose, mais elle n'est pas suffisante en soi. Aujourd'hui, des machines relativement peu coûteuses sont capables de faire en instantané de bonnes traductions. Là n'est donc pas le principal. Ce que nous attendons des candidats qui frappent à notre porte c'est qu'ils aient une bonne culture générale internationale, faite de qualités de communication écrite et orale, d'un bon niveau de connaissance des réalités économiques, politiques, historiques, sociales, religieuses, d'une curiosité intellectuelle active sur ce genre de questions... et sachent mettre ces diverses compétences au service d'une meilleure compréhension des réalités qui caractérisent une aire linguistique. S'ouvrir à l'international c'est donc bien plus que savoir écrire, lire et parler dans une ou deux langues étrangères. C'est aussi se doter d'une sorte de culture générale internationale qui fait qu'au-delà des mots, on se montre capable de communiquer en prenant en compte la réalité complexe de ce qui fait un interlocuteur étranger. C'est ce qui permet de se positionner non en tant que simple interprète, mais aussi, et surtout, en tant que négociateur ».

Comment un jeune lycéen de 18 ou 19 ans pourrait-il être déjà porteur d'un tel « esprit international » ? Plusieurs opportunités existent, qui pourraient faire la différence en votre faveur, s'ils vous caractérisent ou si vous vous en saisissez.

Question 38 Comment parvenir à démontrer un bon niveau en langue(s) ?

Il suffit de lire les « attendus » présentés par chaque formation supérieure pour constater l'importance de ce prérequis. L'anglais étant incontournable.

Cette exigence est particulièrement forte pour toutes les formations pour lesquelles les langues vivantes font partie des fondamentaux : les études universitaires en langues bien sûr, mais aussi les écoles de commerce et management, tourisme, hôtellerie-restauration, traduction-interprétariat, les instituts d'études politiques, les formations du secteur communication/journalisme, et bien d'autres.

À cet égard, il est très significatif de constater qu'alors que les formations qui exigent cela ont longtemps été des formations de type « tertiaire » (celles présentées précédemment), une telle exigence gagne un nombre de plus en plus important de formations supérieures d'ingénieurs et scientifiques.

Plusieurs éléments vous permettront d'attester de votre bon niveau en langue(s) :

– Vos notes et appréciations, qui figurent dans votre dossier de candidature,

– Les résultats d'un test de langues que vous aurez pris le temps de passer (de nombreux lycées et associations vous accompagnent désormais dans la préparation de ces tests et il en existe dans toutes les langues). Pour en savoir plus, n'hésitez pas à vous renseigner auprès de vos profs de langues.

> **Bon à savoir :** de tels tests sont souvent susceptibles de se préparer dans des centres culturels de pays étrangers, mais aussi à distance. Vous trouverez toutes les informations utiles sur Internet. Il arrive même que dans certains lycées (relativement nombreux), notamment ceux ou existe une section internationale, un enseignement bilingue, une section européenne ou asiatique une formation de type « bi-bac »..., on propose une telle formation. Renseignez-vous auprès de votre professeur de langue étrangère.

Les tests de niveau en anglais[1] les plus appréciés par les recruteurs

Cambridge assessment

International English Language Testing System (IELTS)

Oxford English testing

Test of English as a Foreign Language (TOEFL)

Test of English for International Communication (TOEIC)

1. Pour les autres langues étrangères : tapez « test en allemand (ou chinois, espagnol, italien, portugais, russe et autre) » sur un moteur de recherche.

Le fait d'avoir bénéficié d'un ou de plusieurs séjours linguistiques à l'étranger peut également jouer en votre faveur, à la condition toutefois qu'à l'issue de ces séjours, on vous ait délivré une attestation de niveau atteint que vous pourrez joindre à votre dossier de candidature.

On considérera avec faveur les candidats qui, dans leur lycée (parfois dès le collège) ont suivi un parcours caractérisé par une grosse ouverture internationale. C'est le cas si vous êtes scolarisé dans l'un des quinze lycées français dits « internationaux », et y préparez une des options internationales du baccalauréat français (OIB), ou si vous bénéficiez des enseignements dispensés dans l'une des près de 300 « sections européennes » ou « sections orientales ».

Autre opportunité : le fait de préparer un « bi bac », c'est-à-dire conjointement le baccalauréat général français plus un baccalauréat étranger tels l'*Abitur* allemand, le *bachillerato* espagnol, l'*esamo di stato* italien…

Question 39
Comment parvenir à démontrer une bonne culture internationale ?

Vous pouvez pour cela vous saisir de diverses opportunités que vous offrent au lycée certains enseignements au choix tels l'option facultative de « droit et grands enjeux du monde contemporain » en terminale générale, les enseignements de spécialité d'« histoire/géographie/géopolitique et sciences politiques » et « sciences économiques et sociales » en première et terminale générale… Leurs programmes contribueront à consolider votre « culture générale internationale ».

Si vous vivez dans une ville (ou proche d'une ville) qui offre les services d'un « centre culturel étranger » (American center for art and culture, British council, Centre culturel de Chine, Centre culturel coréen, Centre de Russie pour la science et la culture, Goethe institut, Institut Cervantes, Institut Dante Alghieri…), et que cela peut vous être utile, n'hésitez pas à vous y inscrire : vous y bénéficierez d'un bain international de grande qualité et y rencontrerez des jeunes de votre âge originaires de pays étrangers. De quoi ajouter cette corde à votre arc.

De plus en plus de bacheliers professionnels demandent à effectuer une partie de leurs stages en milieu professionnel à l'étranger, et notamment dans un autre pays membre de l'Union européenne. Ils y sont encouragés par l'existence de programmes officiels d'échanges d'élèves. En outre, dans un nombre croissant de lycées, on voit se multiplier les possibilités de bénéficier de certains « programmes d'échanges de lycéens » avec des partenaires scolaires à l'étranger. C'est une bonne occasion de manifester son esprit d'ouverture internationale.

Un site pour en savoir plus sur les programmes de mobilité pour les élèves de l'enseignement secondaire

Sur le site officiel du ministère de l'Éducation nationale www.education.gouv.fr vous pouvez accéder à la rubrique « mobilité des élèves » (tapez « la mobilité des élèves » dans le cadre intitulé « saisissez vos mots-clés ») sur laquelle vous trouverez tous les renseignements utiles sur les programmes et partenariats qui existent pour participer à des échanges dans un ou plusieurs autres pays européens.

Ce peut être en vue d'effectuer un stage en milieu professionnel pour un apprenti ou un élève de l'enseignement professionnel, mais aussi pour des séjours d'élèves (individuels ou en groupe) de l'enseignement secondaire à des fins pédagogiques, culturelles, linguistiques... Ces diverses possibilités sont cadrées par un texte réglementaire officiel : la circulaire n° 2011-117 du 3 août 2011 portant sur les modalités d'organisation des sorties et voyages scolaires au collège et au lycée.

Dans la même logique, le fait d'être scolarisé dans un lycée français à l'étranger et d'avoir baigné pendant un plus ou moins grand nombre d'années dans un ou plusieurs pays étrangers, est un atout que vous auriez tort de ne pas mettre en avant.

Saisissez-vous également des occasions d'élargir votre « culture générale internationale » que vous offrent divers supports de communication (chaînes de télévision spécialisées dans les questions d'actualité internationale, chaînes étrangères, presse spécialisée...).

Du bac général à un poste de haute responsabilité à Pékin : le parcours de Maxime

Maxime est aujourd'hui directeur général adjoint d'une grande marque automobile française implantée à Pékin, en Chine. Lui-même enfant de la diaspora chinoise (ses grands-parents se sont installés en tant que petits commerçants à Paris dans les années 1970), il explique avoir « toujours bénéficié d'une double éducation : française à l'école et franco/chinoise en famille. Mes parents tenaient beaucoup à ce que je sois biculturel, et je n'ai qu'à me féliciter de la chance qui m'a ainsi été donnée. À l'école primaire puis en collège et lycée, je mettais mon costume d'Occidental, mettant un point d'honneur à réussir mes études, ponctuées par un bac général ES avec mention bien obtenu en 2006. Mais parallèlement, mes parents m'avaient inscrit au Centre culturel de Chine à Paris. J'y ai bénéficié de cours et ateliers de langue chinoise, mais aussi de diverses possibilités de découvrir la culture et à la civilisation chinoises, et surtout, j'y ai noué des liens avec des Chinois et des Français qui partageaient avec moi cet intérêt pour la civilisation chinoise. Ces liens m'ont permis de me doter d'un important carnet d'adresses qui m'a beaucoup servi par la suite. Durant mes années lycée, en accord avec mes parents dont le commerce s'était fortement développé, j'ai opté pour une orientation vers une bonne école de commerce. J'ai commencé par deux années de classe préparatoire avec un profil quadrilingue : français, anglais, espagnol et chinois. Reçu à l'ESSEC, j'y ai acquis les connaissances et compétences requises pour une carrière dans le management international. Durant les trois années passées dans cette école, j'ai fait plusieurs séjours d'études dans des écoles et universités chinoises. Un de mes amis, rencontré au Centre culturel de Chine, m'a permis d'obtenir un rendez-vous avec son oncle, cadre supérieur chez PSA. J'ai pu faire un stage de trois mois dans cette entreprise, stage au terme duquel j'ai été embauché sur place. J'avais alors 24 ans. Très vite, j'ai rejoint l'équipe chargée du développement international à Paris, puis ai rejoint un poste à haute responsabilité chez PSA Chine, à Pékin. C'était en 2016. J'y suis encore et compte bien y rester quelques années supplémentaires. Après ? On verra. Ce sera probablement un poste à la direction générale en France ».

PARTIE 7

Réfléchir à ce qui constitue votre personnalité

Question 40
Suis-je fait pour une formation très encadrante ou pour une autre qui demandera plus d'autonomie ?

Parmi les critères sur lesquels vous pouvez fonder le choix de vos études supérieures, il en est d'évidents et d'autres auxquels on ne pense pas souvent, et qui pourtant méritent qu'on en tienne compte. Parmi les premiers, déjà abordés, nous citerons le type de baccalauréat préparé, le profil dont le lycéen s'est doté par ses choix de filière et d'enseignements optionnels, le niveau scolaire atteint en moyenne et dans chacune des disciplines composant sa filière de lycée, les capacités méthodologiques acquises, les « attendus » de l'enseignement supérieur, le projet professionnel du candidat, etc. Beaucoup moins nombreux sont les élèves et parents d'élèves, mais aussi les professeurs et autres accompagnateurs des élèves, qui tiennent compte d'un autre critère de choix, dont l'impact sur la réussite potentielle est pourtant très important : la préférence pour des formations offrant un important degré d'encadrement des étudiants ou pour d'autres qui font largement appel aux capacités de travail autonome de ces derniers.

Question 41
Qu'est-ce qui caractérise les formations à fort degré d'encadrement ?

Parmi l'ensemble des formations supérieures qui vous attendent, certaines sont caractérisées par leurs effectifs limités d'élèves (quelques dizaines, rarement plus de cent), admis comme suite à leur réussite à des épreuves de sélection, donc plutôt de bon niveau, l'existence d'un contrôle systématique des présences, de fréquents exercices et travaux divers faisant l'objet d'évaluation, l'offre d'un volume horaire d'enseignements et formations diverses obligatoires d'une trentaine d'heures par semaine, une offre complémentaire mais largement minoritaire d'enseignements au choix, la tenue régulière de sortes de « conseils de classe », l'existence d'un système d'information continue entre les familles et les équipes pédagogiques et de direction, etc. Tout bien pesé, ne trouvez-vous pas que cette description ressemble fort à celle du lycée dans lequel vous êtes encore scolarisé ? Oui, bien sûr, et c'est logique car la plupart des éléments caractéristiques que nous venons de présenter sont également ceux d'un lycée.

Cette façon d'accompagner pédagogiquement les élèves convient bien à des personnalités qui ont besoin d'être encadrées pour avancer positivement. Mais également à celles et ceux (ce sont souvent les mêmes) que la structuration pédagogique ainsi mise en avant rassure, voire stimule.

Dans ce type de formations, on rangera tout particulièrement les classes préparatoires aux grandes écoles (CPGE), les écoles à recrutement post-baccalauréat, les programmes « bachelors », les sections de techniciens supérieurs (STS) préparatoires aux divers BTS, les IUT, la filière DCG/DSCG, bon nombre de filières universitaires sélectives (les doubles licences, les classes préparatoires universitaires, etc.). Point commun à cet ensemble de formations : elles sont toutes sélectives, ce qui explique qu'elles ne recrutent que des effectifs « à taille humaine » (d'une vingtaine d'étudiants à moins de 200).

> **Bon à savoir :** lorsque la formation concerne des effectifs de taille moyennement importante (d'une cinquantaine à 200), elle met souvent en place des heures de cours ou travaux pratiques/dirigés en sous-groupes d'une quinzaine d'étudiants, voire moins.

Question 42
Qu'est-ce qui caractérise les formations faisant appel à vos capacités de travail autonomes ?

Il existe en outre des formations qui accueillent un très grand nombre d'étudiants, peu ou pas filtrés à l'entrée, donc de niveaux très divers. Ce sont essentiellement des formations universitaires de type « premier cycle licences » ou « première année du parcours spécifique accès santé » (PASS). Dans ce cas, les effectifs se comptent par centaines, et peuvent dans certains cas (rares en vérité) aller jusqu'à 2 000 étudiants.

> Comme le précise François, professeur de droit civil à l'université Paris-Nanterre, « il est impossible de faire l'appel des présents lorsque les cours ont lieu en « grand amphi » ("amphi" comme "amphithéâtre") : ils sont trop nombreux. La règle dans ce type de cours c'est donc "vient qui veut" ! Même contrainte lorsqu'un professeur demande aux étudiants de faire un travail (note de lecture, dossier de presse sur un sujet d'actualité juridique, analyse d'un procès...) : en "grand amphi" ce type de travaux n'est quasiment jamais évalué par les enseignants. Vous imaginez un prof qui corrigerait un paquet de près de 2 000 copies ? Dès le premier jour, je leur déclare qu'ils ne bossent pas pour nous mais pour eux ! À chacun de prendre ses responsabilités ».

Dans la plupart de ces premiers cycles, peu de temps est consacré à la formation. Une vingtaine d'heures tout au plus de cours, travaux pratiques et/ou dirigés, à la différence des formations plus encadrantes (de l'ordre de 30 heures, voire plus, par semaine). De même, la durée de l'année universitaire est plus courte (généralement de début octobre à mai). Au total, il est courant qu'un étudiant de première année de licence ne bénéficie que d'une offre d'environ 400 à 500 heures sur l'année, alors qu'en prépa, ou autre filière plus encadrée, on peut atteindre mille heures, voire plus.

Ces éléments caractéristiques expliquent que les « attendus » de Parcoursup, présentent parmi les prérequis des formations de ce type, la « capacité au travail autonome ». Comme le déclare Gilles, professeur de biologie à l'université Toulouse 3 Paul Sabatier, « en licence, seuls réussissent les étudiants qui, outre une réelle assiduité à l'ensemble des enseignements, ajoutent une importante part de travail complémentaire autonome ». Et d'ajouter que « par travail complémentaire autonome j'entends : le travail en bibliothèque universitaire, des compléments éventuels par ajout de diverses options facultatives, mais aussi reprendre ses notes après chaque cours, faire spontanément des notes de lecture, etc. Tout cela est bien sûr facilité par la capacité de l'étudiant à utiliser les technologiques modernes d'accès au savoir ».

Notez cependant que le syndrome du manque d'encadrement ne caractérise pas l'ensemble des études universitaires. Dès le premier cycle, il existe un grand nombre de formations universitaires sélectives qui offrent les mêmes garanties d'encadrement que les filières sélectives non universitaires. C'est par exemple le cas de diverses écoles ou grandes écoles universitaires (d'ingénieurs, de commerce et management et autres), ou encore des classes préparatoires universitaires, des « licences doubles », des IUT (dont on oublie parfois qu'ils sont de statut universitaire), etc. En outre, compte tenu du taux d'échec en première année des cycles « licence simple », l'encadrement s'améliore dès la deuxième année, et plus encore au fur et à mesure que l'on progresse. Mais surtout, il faut tenir compte des différences qui peuvent exister d'une université à l'autre. Chacun comprendra par exemple que cette difficulté ne se pose pas de façon identique entre une université de grande ville qui intègre plus de mille étudiants en première année de droit et une autre, située dans une petite ville, qui n'en accueille que 200/300... ce qui est déjà beaucoup ! Enfin, on note que certaines universités offrent une proportion supérieure à d'autres de cours dispensés en « TD » (travaux dirigés) et/ou

« TP » (travaux pratiques). Il s'agit d'un espace de formation dans lequel les étudiants sont en groupes de petite ou moyenne taille (d'une trentaine à moins de cent). Ils y trouvent une possibilité de revenir sur les cours magistraux dispensés en « grand amphi », avec des enseignants nettement plus disponibles et proches, et qui permet donc un bien meilleur accompagnement de chaque étudiant. À cet égard, nous ne saurions trop vous recommander, si vous avez le choix, de privilégier une université dans laquelle la part de ces enseignements dispensés en petits groupes est importante.

Question 43
Suis-je fait pour suivre une formation autonome ?

Êtes-vous de ces élèves qui ont du mal à travailler sérieusement s'ils ne sont pas bien encadrés, qui risquent de se laisser aller s'il n'y a pas de contrôle des présences, qui n'imaginent même pas qu'on puisse librement faire du travail supplémentaire par rapport au minimum demandé, qui négligeront les possibilités de suivre tel et/ou tel enseignement complémentaire facultatif qui serait pourtant fort utile, qui ne répondront pas à une demande qui ne ferait pas l'objet d'une évaluation officielle par un professeur, qui auront tendance à rester sous leur couette plutôt que de se rendre à la bibliothèque universitaire les matinées durant lesquelles ils n'ont pas de cours… ? Si vous êtes dans ce cas, évitez – si vous le pouvez – de choisir une orientation vers une formation universitaire de ce type.

On dit souvent qu'un des traits caractéristiques de ce type de formation est que, n'ayant pas le droit de sélectionner leurs étudiants en amont, elles le font *de facto* en aval en ne laissant passer en deuxième année qu'un étudiant sur trois en moyenne. Bien plus : une importante partie des étudiants les plus fragiles s'évapore en cours d'année, avant même que les examens de fin de semestre aient eu le temps de « faire le ménage » ! Est-il besoin d'ajouter que les étudiants les moins aptes au travail autonome sont ceux qui courent le plus grand risque d'échec ?

Malheureusement, une trop forte proportion de lycéens se montrent fort conscients de la nécessité d'éviter d'entrer en L1 simple, mais ne sont pas admis dans une formation qui leur aurait mieux convenu, mais qui n'a pas retenu leur candidature au terme des épreuves de sélection.

“ Martine. De l’échec en L1 de sciences de la vie à la réussite en BTS biotechnologies

Martine, lorsqu’elle était scolarisée en terminale STL [« sciences et technologies de laboratoire », spécialité biotechnologies], pensait avoir le profil requis pour réussir en licence générale de sciences biologiques. Très motivée et nantie de résultats scolaires « pas géniaux mais corrects », elle pensait être armée pour réussir en licence de sciences biologiques, formation qui l’attirait fortement. Elle s’est donc portée candidate en vue d’entrer en L1 sciences biologiques à l’université Rennes-I. La commission d’examen des candidatures de cette université lui a répondu « oui si », ce qui revenait à exprimer une certaine défiance à son égard, et la prévenait qu’il lui faudrait « s’accrocher » pour réussir compte tenu du fait que son dossier de candidature révélait des insuffisances importantes. Elle a décidé de passer outre et a fait sa rentrée en L1 sciences biologiques à la rentrée 2016.

Très vite, elle s’est sentie dépassée par la majorité des autres étudiants mais aussi par le sentiment d’anonymat et de laisser-aller qui régnait dans cette formation, et par sa difficulté à assumer un travail autonome. « Je ne m’étais pas rendu compte à quel point cette capacité est fondamentale pour réussir en licence. J’étais passée par une filière technologique dans laquelle on est très fortement accompagné et là, j’ai fait ce que j’ai pu, mais force a été de constater que je n’étais pas faite pour réussir dans cette formation. Je me suis bien plantée lors des « partiels » [épreuves d’examen] de fin de premier semestre.

J’ai alors décidé de faire un virage à 180 degrés en bifurquant vers un BTS biotechnologies. Je savais qu’avec l’échec que je venais de subir je risquais de ne pas y être admise. Je suis donc restée à l’université jusqu’au bout de cette première année, mais en concentrant mes efforts sur les matières les plus « utiles » pour favoriser ma candidature pour un tel BTS [la biologie, la chimie]. Je suis entrée en première année de BTS biotech’ en septembre 2017, et en suis sortie avec le diplôme en juin 2019. Là, je me suis posée la question : prolonger mes études ou rechercher tout de suite un travail ? Comme mon parcours vers le BTS avait bien marché, plusieurs de mes profs m’ont conseillé de ne pas m’arrêter là. J’ai demandé mon admission en licence pro bio-industries et biotechnologies et l’ai obtenue.

Êtes-vous fait pour l'alternance ?

Pour un élève désireux de bénéficier dès l'après-bac d'une formation professionnelle courte (BTS, DUT et autres bachelors, DCG, écoles spécialisées en deux ou trois ans...) ou longue (grandes écoles à recrutement niveau bac), il existe deux façons de procéder : il peut le faire « sous statut étudiant » ou « sous statut d'alternance ».

Dans le premier cas, il se positionne dans la situation classique d'un étudiant qui se forme à l'exercice d'un métier de façon largement scolaire. Le gros des heures de formation, y compris des enseignements professionnels, sera donc dispensé au sein de son établissement de formation. On y ajoutera des temps de stages obligatoires en milieu professionnel.

Dans le second cas, le « formé » est un salarié d'entreprise qui bénéficie, en plus d'un temps de formation au sein de son établissement scolaire, d'une formation professionnelle dispensée dans le cadre de son « entreprise-formatrice ». Il alterne donc des temps de formation en école et d'autres temps de formation dispensée en milieu professionnel (d'où l'expression « formation par l'alternance »).

L'alternant peut le faire en signant l'un des deux contrats de travail suivants : le contrat d'apprentissage ou le contrat de professionnalisation. Dans les deux cas, ce contrat lui vaut plusieurs avantages importants : versement d'un salaire, exonération des droits de scolarité lorsque la formation est payante, excellent niveau de professionnalisation très favorable à une bonne insertion sur le marché du travail à l'issue de ce genre de formation... Contrepartie, cependant : en tant que salarié, le jeune « alternant » doit 47 semaines par an d'activité (fini les congés scolaires), et se faire à une double et lourde vie d'étudiant et de salarié... avec des emplois du temps fort lourds. C'est la raison pour laquelle avant de donner le « feu vert » pour bénéficier d'un contrat d'alternance, les établissements concernés s'entourent de garantie sur la capacité du candidat à assumer cette double vie... quitte à rompre le contrat d'alternance (qui est toujours « à l'essai ») pour faire basculer un « alternant » en régime classique de statut étudiant.

PARTIE 8

La question de la sélection

Question 44
Quelle est la finalité de la sélection à l'entrée dans les études supérieures ?

Pour passer de l'enseignement secondaire à l'enseignement supérieur vous devrez franchir divers « obstacles » et notamment les épreuves de sélection. Le principe est simple : il y a plus de candidats que de places à pourvoir. Par conséquent, un tri est effectué qui ne donnera satisfaction qu'à une partie d'entre vous.

Pour la plupart d'entre vous, ce principe basé sur la sélection est nouveau. La règle du passage automatique en classe supérieure, principalement vécue jusqu'à présent dans votre cursus scolaire, s'efface brusquement au profit d'une autre, qui est celle de la « régulation des flux d'entrée dans l'enseignement supérieur ». Elle repose principalement sur des modalités de sélection à l'entrée de la plupart des formations. Voilà pourquoi certains disent qu'à partir de l'entrée dans l'enseignement supérieur, l'orientation devient « un sport de combat ». Pour l'accès à une majorité de formations supérieures, les élèves sont en compétition les uns par rapport aux autres. Il continue cependant d'exister d'autres formations supérieures (de moins en moins cependant) qui sont non sélectives et de ce fait acceptent d'accueillir l'ensemble des candidats qui demandent à y être admis.

Question 45
Quelle est la différence entre une formation sélective et une formation non sélective ?

Pour le passage en première année de l'enseignement supérieur, la France (comme beaucoup d'autres pays) offre le spectacle d'un système « dual », c'est-à-dire partagé en deux moitiés quasi égales en nombre d'étudiants :

D'un côté, un ensemble de formations non sélectives, disposant de capacités d'accueil importantes et suffisantes pour accueillir l'ensemble des lycéens demandeurs dès lors qu'ils remplissent les conditions d'admission, à savoir être détenteur d'un baccalauréat ou d'un diplôme équivalent. Ces formations sont exclusivement universitaires (il n'existe pas de formations non sélectives en dehors de l'université). Pour la plupart d'entre elles, ce sont les « premiers cycles licences simples » telles celles de chimie, histoire, Lettres/langues et civilisations étrangères (LLCE options allemand, anglais, chinois, espagnol, portugais, russe, et autres langues étrangères), mathématiques, philosophie, sciences économiques, sciences de la vie, sociologie, etc. En tout : une bonne centaine de spécialités diverses.

Le cas particulier des « premiers cycles universitaires à capacité d'accueil limitée »

Dans un certain nombre d'universités, il existe des premiers cycles dont les capacités d'accueil sont inférieures au nombre des candidats. C'est ainsi, par exemple, qu'en 2019, en droit, l'université de

Versailles-Saint-Quentin-en-Yvelines a recensé 2 800 dossiers de candidature alors qu'elle n'était à même d'accueillir que 490 d'étudiants en première année de cette licence. De tels cas sont nombreux. Certaines spécialités telles le droit, les STAPS (sciences et techniques des activités physiques et sportives), la psychologie le parcours spécifique accès santé (PASS), les licences à mineure santé (LAS), sont fréquemment dans une telle situation, mais il n'en va pas partout ainsi : aucun problème par exemple pour entrer en première année de droit à Angoulême. Concrètement : le risque de se trouver dans une telle situation est d'autant plus grand que la formation universitaire demandée est installée dans une grande ville, et/ou porteuse d'une bonne réputation, donc fort attractive. D'autres formations universitaires de premier cycle peuvent se trouver dans la même situation dans certaines universités, mais pas dans d'autres, et moins fréquemment.

Il en résulte que l'admission dans ce genre de formations impose « une régulation des flux d'entrée » qui est une forme de sélection non officielle, cachée même, car les autorités ministérielles et universitaires n'acceptent pas qu'on les qualifie de sélectives, au prétexte qu'il n'y a officiellement pas de barrière à l'entrée puisqu'un candidat non admis en droit à Bordeaux pourrait se voir proposer de le faire sur le site d'Agen ! Notre point de vue est qu'on joue très hypocritement sur les mots : dès lors qu'une formation ne retient qu'une partie des candidats, on ne peut que la considérer comme étant sélective.

D'un autre côté, des formations sélectives, officiellement autorisées à n'accueillir qu'une partie de leurs candidats, et donc à les trier selon des modalités variables. On range dans cette catégorie les sections de techniciens supérieurs (STS) préparatoires aux divers BTS, les Instituts universitaires de technologie (IUT), les formations aux diplômes de comptabilité et de gestion (DCG), aux « diplômes des métiers d'art » (DMA), les programmes « bachelor », les écoles professionnelles spécialisées (en trois années), une partie des grandes écoles (en cinq ans : de commerce, tourisme, hôtellerie, restauration, informatique, militaires, d'infirmières, d'assistance sociale, d'architecture…), les classes préparatoires aux grandes écoles (CPGE), et diverses formations universitaires (les licences doubles, les classes préparatoires universitaires, l'université Paris-Dauphine, les universités de technologie, etc.). Tout cumulé, dans l'ensemble, ce type de formations supérieures a proposé près de la moitié des places disponibles en première année en 2020.

Question 46
Quelle est la différence entre « dossier de candidature » et « sélection sur dossier » ?

Pour toute demande d'admission dans une formation supérieure, il est nécessaire de faire parvenir un dossier comprenant un ensemble de renseignements et une liste de documents à fournir. Il s'agit le plus souvent du dossier Parcoursup, mais dans certains cas, ce peut être un dossier à part venant s'ajouter au dossier Parcoursup ou indépendant de ce dernier lorsque la formation demandée est « hors Parcoursup ». Ces dossiers se présentent dans la plupart des cas de façon électronique et doivent être renseignés et expédiés par voie électronique. Dans quelques rares cas, il existe encore parfois des « dossiers papiers ».

La sélection sur dossier est le système de sélection post-bac le plus répandu. Il a même tendance à s'étendre encore plus depuis quelques années, au fur et à mesure que se multiplient les formations supérieures qui recrutent leurs étudiants en se fondant sur le dossier Parcoursup. Ces deux dernières années, ont basculé du « bon vieux concours » à une procédure de sélection sur dossier, les formations supérieures suivantes : la quasi-totalité des écoles paramédicales à recrutement post-bac, les instituts de formation aux soins infirmiers, les écoles d'assistance sociale, diverses autres écoles de travail social, certains Instituts d'études politiques de province, des écoles d'ingénieurs, de commerce et management et autres à recrutement post-bac, etc.

Les éléments constitutifs d'un dossier de candidature servant de base à la sélection :

Soyez très attentif à cet aspect des choses car ce dossier sera pour vous une sorte de passeport qui vous permettra de franchir ou pas, l'obstacle de la sélection. Dans tous les cas de figure, on vous demandera de fournir les informations et documents suivants :

– Des informations générales : nom, prénom, adresse, nom et adresse du lycée fréquenté, type de baccalauréat préparé...

– Les bulletins de notes obtenues en moyenne générale et par matière en terminale et, de plus en plus souvent, en première.

– Les appréciations qualitatives de vos professeurs, en particulier du professeur principal.

– Les avis exprimés par votre chef d'établissement sur chacune de vos candidatures.

– Les résultats au baccalauréat, ceux du moins qui seront exploitables au moment où votre dossier de candidature parviendra à la formation supérieure convoitée. On y ajoutera les notes obtenues en contrôle en cours de formation en classe de première et dans la première partie de la terminale, les notes obtenues aux épreuves anticipées du baccalauréat en fin d'année de classe de première (écrit + oral de français, enseignement de spécialité abandonnée en fin d'année de première générale), etc.

Sur ce point précis, notez que compte tenu de l'impossibilité de faire passer ces épreuves anticipées en 2020, à cause de l'épidémie de Covid-19, il a été décidé qu'exceptionnellement, pour les procédures de sélection sur dossier de 2021, on se contentera des notes obtenues dans ces enseignements en contrôle en cours de formation.

– Une lettre de motivation qui, dans le dossier Parcoursup, prend la forme de ce qu'il est convenu de nommer « le projet motivé » du candidat. Notez que certains établissements supérieurs préfèrent convoquer les candidats pour une épreuve orale complémentaire d'entretien qui a le plus souvent lieu sur place au sein de l'établissement recruteur, exceptionnellement à distance (par Skype, par exemple).

– D'éventuels documents annexes complémentaires susceptibles de permettre aux jurys d'apprécier un candidat de façon plus globale, en particulier en tenant compte de divers éléments qui tiennent à son développement personnel : pratiques sportives, artistiques, culturelles, caritatives, citoyennes..., résultat(s) à un ou plusieurs tests de niveaux en langue étrangère, attestation(s) de stage(s) en milieu professionnel, obtention du BAFA, du brevet de secourisme, du brevet d'aéronautique, participation avec résultats probants aux épreuves du Concours général, aux olympiades de mathématiques, à un concours d'éloquence, et tout autre élément susceptible de valoriser votre candidature. Prenez bien soin de ne faire connaître que des aspects significatifs de votre personnalité : par exemple, que vous jouiez au foot avec des copains de temps en temps n'aura guère d'intérêt aux yeux du jury, par contre, que vous le fassiez en tant que membre d'une équipe qui participe à un championnat sera nettement plus révélateur, et plus encore si vous êtes capitaine de votre équipe.

Il doit être clair pour vous que chaque dossier sera examiné à la loupe, et va servir de fondement au classement des divers candidats. Il en va de vos chances de recevoir une réponse positive. Et surtout, n'attendez pas les derniers moments pour vous informer sur les éléments constitutifs que l'on va vous demander de fournir, ainsi que sur ce qui va compter le plus aux yeux du jury (c'est évidemment variable selon la formation supérieure demandée, mais on trouve ce genre de renseignements en se reportant aux « attendus » qui figurent sur chaque fiche de présentation d'une formation supérieure sur le site Parcoursup).

L'IMPORTANCE DE LA LETTRE OU DE L'ENTRETIEN DE MOTIVATION

Dans la plupart des cas, lorsque la sélection se fait essentiellement sur dossier, il est demandé aux candidats de rédiger une lettre de motivation plus ou moins longue. Dans le dossier Parcoursup, cet exercice prend la forme de la saisie par voie télématique du « projet motivé » du candidat, et cela doit être fait pour chacune des candidatures exprimées. Notez que ce document est programmé pour ne pouvoir dépasser 1 500 signes, et donc ne permettre que d'aller à l'essentiel. Nombre d'établissements sélectifs le considèrent comme étant insuffisant pour permettre de se faire une pleine idée de ce qu'est le projet du candidat. C'est la raison pour laquelle certains d'entre eux exigent une autre « lettre de motivation », plus longue, donc permettant d'exprimer plus en détail le projet de chacun. Dans ce cas, ils ne prendront en compte que le deuxième de ces deux documents, et vous pourrez alors vous abstenir de remplir l'espace prévu pour le « projet motivé ». Certains établissements (les écoles notamment) s'abstiennent de demander aux candidats une lettre de motivation et remplacent cette épreuve par un entretien. Dans ce cas, après un premier tri sur dossier, on convoque les « admissibles » pour un entretien, et éventuellement d'autres épreuves orales (les langues le plus souvent). Notez que le coefficient attribué à cette épreuve de la « lettre de motivation » est souvent très important, faisant de cette épreuve finale une condition de l'admission : qui la rate n'a que très peu de chances d'être admis.

L'art d'anticiper les obstacles selon Murielle, élève de terminale générale à Limoges

Murielle, scolarisée au lycée Saint-Jean de Limoges, souhaitait avant tout être admise en IFSI (institut de formation aux soins infirmiers), établissements qui sélectionnent désormais sur dossier Parcoursup. Dès la classe de seconde, elle s'est rendue à des journées portes ouvertes, puis à un salon de l'orientation en première. On lui a alors expliqué qu'outre un dossier scolaire solide, on attendait d'elle qu'elle fasse preuve de bonnes capacités de communication écrite et orale, d'empathie aussi. Elle a en outre saisi l'avantage que représenterait pour une telle candidature la possession du brevet de secourisme, diplôme qu'elle a préparé et obtenu pendant son année de scolarité en première. Son dossier de candidature a mis en avant ces divers atouts, si bien que Murielle a intégré l'école de ses rêves.

Pour ce qui est de votre bilan scolaire, dont vous devez comprendre qu'il demeure l'aspect le plus fondamental aux yeux des jurys. Il est clair que, selon la formation supérieure visée, on ne considérera pas de la même façon l'ensemble de vos notes et appréciations. Il est logique que, pour entrer dans une école de commerce et management, le poids des langues étrangères soit plus grand que pour une école d'ingénieurs. Pour être admis en classe préparatoire scientifique on se montrera très exigeant sur votre niveau en mathématiques et en sciences, alors qu'on portera plutôt le regard vers vos compétences et connaissances acquises en langues étrangères, histoire-géographie-géopolitique et sciences politiques, sciences économiques et sociales… pour une demande d'admission en Institut d'études politiques, etc. Concrètement, cela signifie que les jurys des « commissions d'examen des candidatures » s'autorisent à pondérer les notes inscrites dans vos bulletins en fonction de l'importance relative à leurs yeux de chaque enseignement. Vous avez donc intérêt à frapper à la porte d'établissements d'enseignement supérieur qui prendront en compte les atouts dont vous disposez, et se baseront moins sur vos handicaps. Renseignez-vous sur cela avant d'établir votre liste de candidatures.

Quels sont les avantages et les inconvénients de la sélection sur dossier ?

Le plus gros avantage, fréquemment mis en avant par ceux qui choisissent ce mode de sélection, est que cette façon de procéder permet de juger des qualités et insuffisances des postulants sur la durée (deux années scolaires), et non sur les résultats obtenus sur une très courte période finale de l'enseignement secondaire. Cette façon de procéder avantage donc les candidats qui ont fait leurs preuves au lycée dans une durée significative.

Le plus grand inconvénient tient au fait que l'évaluation des candidats repose très largement sur les notes, appréciations et avis émis dans leurs lycées respectifs. Or, comme chacun le sait, les pratiques d'évaluation sont loin d'être les mêmes d'un lycée à l'autre. Si vous êtes le produit d'un lycée « sélectif », dans lequel la notation est globalement « sévère », vous serez probablement pénalisé par rapport à un candidat concurrent, issu d'un lycée « accompagnateur » dans lequel les notes sont distribuées de façon plus encourageante. C'est un vrai problème ! C'est la raison pour laquelle sans l'avouer (car c'est politiquement très incorrect), nombre de formations supérieures sélectives tiennent compte de la réputation du lycée d'origine, et pondèrent les notes avec une sorte de système « bonus/malus » supposé compenser ce type d'écarts.

“ Lucas, mauvais élève de première générale, nettement meilleur en terminale

Lucas a effectué sa scolarité secondaire au lycée Voltaire à Paris. Sa première générale (S) s'est déroulée de façon très insatisfaisante : une moyenne générale de 8,2/20, une accusation générale de manque de participation et de travail. Bref : c'était fort mal parti ! En fin d'année de première, à l'occasion d'un salon de l'orientation, naît en lui une vocation : faire des études en « gestion hôtelière ». Plusieurs formations supérieures s'offrent à lui en fin de classe de terminale, mais toutes sont sélectives, et il comprend vite que compte tenu de son mauvais bilan scolaire de première, il risque fort de ne pouvoir y être admis.

Après un stage d'été qui le conforte dans sa vocation professionnelle et à l'issue duquel il prend soin de demander au directeur de l'hôtel où il a fait ce stage une attestation qu'il compte bien mettre dans son dossier de candidature, il part un mois en Grande-Bretagne pour parfaire son niveau en anglais. Poussé par une grande motivation, il se met à travailler et obtient vite une amélioration significative de ses notes et appréciations qualitatives.

En fin de terminale, il demande son admission dans une école hôtelière suisse qui sélectionne sur dossier et entretien de motivation. Son entretien se déroule très bien. Le jury ne manque pas de lui demander pourquoi il a si fortement progressé entre la classe de première et celle de terminale. Il ne tourne pas autour du pot et assume : « Je n'ai pas suffisamment travaillé en première parce que je n'étais pas motivé, ne sachant quoi faire après le bac. Mais dès que ma vocation pour me préparer à une carrière en gestion hôtelière est née, je m'y suis mis. » Le jury a fort bien compris ce raisonnement et a retenu sa candidature.

PARTIE 9

Développer les *soft skills*

Question 47
À quoi dois-je veiller dans le cadre d'une sélection sur concours ?

Bien qu'il soit de moins en moins fréquent au niveau bac, le principe de sélection sur concours demeure. En quoi se différencie-t-il de l'autre système ?

Sauf cas particulier, les éléments constitutifs du dossier de candidature ne sont pas ou peu pris en compte. Les candidats sont départagés au terme d'une série d'épreuves écrites et orales qui vont permettre d'établir un classement final. Bien entendu, selon la formation demandée, les épreuves du concours sont « à géométrie variable ». Les matières concernées par ces diverses épreuves ne sont évidemment pas les mêmes selon la formation considérée : une école d'ingénieurs fait passer des épreuves de mathématiques, physique, chimie, sciences de la vie… alors qu'une école de communication le fera en prenant en compte les langues étrangères, histoire-géographie, culture générale du monde contemporain, etc.

Points communs, cependant : chacune des formations supérieures qui procède ainsi doit publier à l'avance la liste des épreuves écrites et orales auxquelles seront confrontés leurs candidats, et les programmes sur lesquels les sujets posés pourront tomber. Ce sont souvent (mais pas toujours) des programmes proches de ceux de la classe de terminale. Problème : dans certains cas, une ou plusieurs épreuves peuvent porter sur un programme que vous n'avez pas ou peu suivi en terminale. Il vous appartient alors de vous y préparer par vous-même. À vous de prendre en compte ces éléments avant de choisir vos orientations et donc, en cas de concours, les épreuves auxquelles vous allez être confronté. Ces épreuves se déroulent le plus souvent au printemps, donc avant que dans les lycées, les professeurs n'aient pu boucler leurs programmes respectifs. Il est donc souvent nécessaire d'anticiper lors des révisions/préparations.

L'ensemble des épreuves écrites constitue ce qu'il est convenu de nommer « les épreuves d'admissibilité ». À leur issue, un premier classement est établi comprenant plus de candidats que de places à pourvoir. L'ensemble des candidats nommés sur la liste des admissibles reçoit une convocation en vue des « épreuves finales d'admission » d'où sortiront deux listes : celle des « admis » et une « liste complémentaire ». Tout candidat admis est libre de décider s'il accepte cette proposition ou s'il y renonce (cela peut arriver s'il a été admis dans une autre formation qui est plus attractive à ses yeux). Dans ce second cas, il libère sa place pour un autre candidat qui a été classé en « liste complémentaire » : ce mécanisme se déroule bien sûr dans l'ordre du classement.

Les différents cas de figure en cas de concours

École de design de Bordeaux (nom fictif) : 120 places convoitées par 545 candidats

– Après les épreuves écrites : 185 admissibles classés du 1er au 185^{e}

360 non admis classés du 186e au 345e.

– Après les épreuves orales : 120 admis classés de 1er au 120e.

30 placés sur « liste complémentaire » du 121e au 130e.

35 non admis classés du 131e au 185e.

– Nombre de désistements parmi les admis : 31.

– Rang du dernier admis sur liste complémentaire : 151e.

Avantage et inconvénient du concours :

Le plus grand avantage, aux yeux des responsables des formations qui tiennent fortement au maintien du système « sélection par concours », serait qu'il permet de classer les candidats en toute indépendance par rapport aux lycées d'origine, et donc qu'il libère les prétendants du poids d'une évaluation qui, dans leur établissement secondaire, pourrait avoir été trop sévère. La sélection sur concours est donc avantageuse pour les candidats qui affichent un bilan scolaire insuffisant et peuvent espérer ainsi une « remise des compteurs à zéro ».

Le plus gros inconvénient ? Qui dit concours dit nécessité d'une préparation préalable, et pour cela, les candidats ne sont pas tous placés en situation égale. Il est de toute première importance pour celles et ceux qui sont décidés à affronter de telles épreuves, qu'ils en avisent le plus tôt possible leurs enseignants les plus concernés, et voient l'aide que ces derniers pourraient leur apporter en vue d'une meilleure préparation aux épreuves du concours. Le plus tôt sera évidemment le mieux !

Question 48
Est-ce que je maîtrise l'art oratoire ?

Traditionnellement en France, durant les années collège puis lycée, on met principalement en avant les apprentissages concernant l'expression écrite. Savoir écrire sans faire de fautes d'orthographe et/ou de grammaire, savoir bien rédiger une rédaction, avoir la capacité de construire une dissertation, savoir élaborer une note de synthèse, un résumé de texte… sont autant de capacités fortement prisées que tout élève issu de l'enseignement secondaire – tout particulièrement ceux issus de la voie générale – doit avoir acquises. Force est de constater que, jusqu'à il y a relativement peu, les capacités d'expression orale des jeunes n'y faisaient guère l'objet d'apprentissages spécifiques. Certes, de temps en temps, on invite des élèves volontaires à se livrer à un exposé oral, et la prise de parole en classe par des élèves participatifs est fréquemment encouragée. Mais la capacité d'expression orale des élèves n'était guère (voire pas du tout) prise en compte dans leur mode d'évaluation. Aucune épreuve spécifique lors des examens du brevet et du baccalauréat, et peu ou pas de référence à cette capacité dans les bulletins de notes et appréciations.

L'importance croissante de l'oral dans l'enseignement secondaire :

La réforme récemment décidée du baccalauréat a introduit dans ce domaine une importante nouveauté : il y aura désormais une épreuve obligatoire de « grand oral » lors du baccalauréat général, et ce à compter de la session de 2021. Comme on le dit clairement dans le texte réglementaire officiel publié le 13 février 2020 au Bulletin officiel de l'Éducation nationale portant création de cette nouvelle épreuve, il s'agit d'introduire parmi les compétences que devront avoir acquis les lycéens la « capacité à prendre la parole en public de manière claire et convaincante ». En se fondant sur les programmes des deux enseignements de spécialités retenus lors de l'entrée en classe de terminale, les candidats devront faire un exposé d'une vingtaine de minutes portant sur un sujet convenu avec les deux professeurs concernés. Ils consacreront en outre quelques minutes à une présentation de leur projet d'orientation. C'est une indéniable avancée de la prise en compte de cette capacité dans le jugement de valeur des lycéens.

Bien plus : cette décision n'est qu'une première étape. L'apprentissage du « savoir parler de façon convaincante en public » a vocation à ne pas se limiter au seul niveau de la classe de terminale. Progressivement, il devra « irriguer tout le système éducatif », et pour cela, on projette de développer les chorales, le théâtre, les ateliers d'éloquence, et ce dès le début des années collège, voire à l'école primaire.

L'importance de l'épreuve d'entretien lors des concours :

Il était temps car pour le passage dans l'enseignement supérieur, comme pour la réussite dans la voie d'études supérieures empruntée, ainsi que dans sa vie professionnelle, la capacité d'expression orale prend une importance de plus en plus grande. À court terme, pour un lycéen, c'est l'exigence de réussite lors de l'épreuve d'entretien qui règne à l'entrée de bon nombre de formations supérieures sélectives qui est en jeu. S'attacher à mieux former les collégiens et lycéens à l'expression orale, c'est les aider à être plus à même de réussir les épreuves d'entretien qui se présenteront tout au long de leurs études, puis dans leur vie professionnelle.

Vous avez donc intérêt, chaque fois que vous le pourrez, dans et à l'extérieur de vos classes, à cultiver cette aptitude en vous efforçant de prendre le plus fréquemment possible la parole en public. Cela peut se faire en classe sous forme d'exposés suggérés par le professeur (dans ce cas : portez-vous volontaire) ou que vous proposez spontanément de faire sur un sujet lié à la discipline enseignée, et susceptible d'intéresser vos camarades. Cela peut également se faire « hors les murs de la classe », dans le cadre de la vie scolaire ou hors les murs de l'établissement scolaire (par exemple, en acceptant de représenter vos camarades de classe en tant que « délégué » élu par ces derniers, en participant activement à certaines activités associatives qui vous donneront des occasions de prendre la parole).

Si l'occasion de travailler votre élocution s'offre à vous, telle que bénéficier, dans votre lycée ou à l'extérieur, d'une formation à l'expression théâtrale, de participer à une chorale, de participer aux travaux d'un atelier d'éloquence comme il s'en crée de plus en plus dans les établissements scolaires secondaires, ne vous en privez surtout pas ! Et si rien de ce type n'est proposé dans l'établissement fréquenté, suggérez-le ! Vous en ressentirez tout le bénéfice d'un développement personnel accompli. Par la suite, vous en tirerez de nombreux avantages chaque fois que vous aurez à affronter une épreuve de concours ou un examen oral, un entretien de motivation, un entretien d'embauche, et que vous aurez besoin de faire un exposé oral, tout au long de vos études, mais aussi et surtout, de votre vie professionnelle.

Aux yeux d'un grand nombre de responsables de formations supérieures sélectives, et en particulier pour les écoles supérieures, l'entretien oral est considéré comme une épreuve nettement plus juste et plus révélatrice de la personnalité d'un candidat que la traditionnelle lettre de motivation. Non seulement il permet de mieux individualiser le processus de sélection, mais aussi (et surtout) de déceler chez les candidats des éléments que n'indique pas ou moins bien l'écrit (le dossier). Aux yeux de beaucoup, l'entretien oral est une sorte de moment privilégié dans le processus de sélection, permettant d'échanger avec chaque candidat sur ses motivations réelles et profondes, en adéquation entre le projet exposé et les valeurs et caractéristiques de l'école, alors que chacun sait aujourd'hui qu'une simple lettre de motivation est trop fréquemment un exercice convenu, voire artificiel tant on constate de cas de lettres « pré-construites », par les parents, les professeurs, voire des officines privées devenues expertes dans l'art d'élaborer de tels documents sur demande et règlement de sommes parfois rondelettes. Les Instituts d'études politiques, les écoles de commerce et management, de communication, et autres du secteur tertiaire, ont été les premières à tenir compte de ces réalités. On observe depuis quelques années qu'un nombre croissant d'écoles d'ingénieurs épousent les mêmes convictions. Dernier avantage de l'épreuve d'entretien : elle permet le plus souvent de recevoir les candidats au sein de l'établissement convoité, qui sont accueillis et accompagnés durant le temps passé sur place. Cette épreuve d'oral s'assimile à une sorte de rite d'accueil destiné à celles et ceux qui, s'ils franchissent les obstacles de la sélection, vont s'imprégner de ce lieu durant plusieurs années. Elle est donc considérée comme étant un moyen de faciliter la transition.

Les très avisés conseils de Chloé

Chloé a fait le choix de viser une grande école de commerce à forte ouverture internationale, dès son année de classe de première générale à profil sciences économiques et sociales. En premier vœu, elle avait en tête de se présenter au concours Sésame, banque d'épreuves permettant de se porter candidat à tout ou partie d'un ensemble de programmes « bachelor de management international » proposés par plusieurs grandes écoles de management de très bonne réputation. Constatant qu'en cas d'admissibilité (au terme des épreuves écrites) elle sera confrontée à une épreuve orale d'« entretien de motivation et personnalité » dotée d'un gros coefficient, elle décide de s'y préparer à l'avance, de deux façons complémentaires : un stage en milieu professionnel et un travail régulier sur ses capacités d'expression orale.

« J'ai vite compris l'avantage que représenterait le fait de me présenter devant le jury de cette épreuve d'entretien en ayant préalablement fait un stage en milieu professionnel. J'ai pu le faire à Londres, durant l'été qui séparait ma classe de première de ma terminale. Pendant trois semaines, j'ai découvert le service "importation" d'une grande marque automobile française. Cette courte mais intense expérience m'a beaucoup servi au moment de l'entretien car elle m'a permis de valider ma vocation pour une carrière dans le management international, et le jury l'a bien ressenti. En plus, ces trois semaines passées à Londres ont contribué à me mettre au top niveau en anglais, ce qui a facilité ma réussite au concours car il comporte une épreuve écrite et une épreuve orale d'anglais.

Par ailleurs, un an avant, je me suis permis d'aller observer comment cela se passe, sur place, dans l'une des écoles du concours Sésame proche de mon domicile : le CESEM de Reims. Ma démarche n'a posé aucun problème, bien au contraire, car elle a été considérée comme étant une preuve de ma motivation. On ne m'a pas autorisée à assister à une séance d'entretien, mais j'ai pu en discuter avec plusieurs candidats, et quelques étudiants de l'école qui étaient là pour accueillir les candidats m'ont volontiers fait part de leur expérience de cette épreuve. J'en ai tiré le sentiment que le jury commence à vous juger dès que vous vous présentez à la porte de la salle dans laquelle se déroule l'entretien, et pas uniquement au moment où vous prenez la parole. Quand on vous invite à entrer dans la salle, durant les quelques mètres que vous parcourez pour vous placer devant le jury, vous devez veiller à les regarder. Vous attendez qu'on vous invite à vous asseoir pour le faire. Vous vous efforcez de ne pas trop lire vos notes, et de porter le plus fréquemment possible votre regard vers chaque membre du jury. Respectez le temps dont vous disposez pour votre exposé. Un conseil, si vous devez vous exprimer dans un temps limité et craignez de ne pas vous apercevoir qu'il s'est écoulé alors que vous n'avez pas terminé votre exposé : n'hésitez pas à placer une montre devant vous sur votre table afin de mieux surveiller le temps qui s'écoule. Et sachez qu'il y a une sorte de *dress code* à respecter : faites-vous belle/beau mais sans esprit de provocation.

Enfin, dans mon lycée, j'ai pu profiter d'un atelier théâtre qui, chaque lundi de 18 à 20 heures, m'a permis d'apprendre à réduire mon trac, bien poser ma voix, travailler la gestuelle de mon corps devant des spectateurs, gagner en confiance... toutes choses qui m'ont beaucoup servi lors de l'épreuve d'entretien, mais aussi par la suite durant mes études au CESEM de Reims, et dans ma vie active aujourd'hui. Je suis actuellement « négociatrice export » pour une marque de produits de beauté de grande renommée. Installée à New York, je compte continuer de travailler ainsi durant quelques années encore. Après ? *Wait and see !* »

Question 49
Comment miser sur l'atout de mes activités extrascolaires ?

L'importance croissante du bilan personnel (les compétences comportementales) dans les « attendus » des formations supérieures :

Cet autre aspect de votre profil de candidat à l'admission est d'autant plus important aujourd'hui, qu'il figure de plus en plus clairement dans la liste des « attendus » (prérequis) de chaque formation supérieure sur Parcoursup. Avant d'aller plus loin, nous vous recommandons de lire ou relire les pages que nous consacrons à ce sujet dans la partie 2 de ce livre. Disposer d'un bon profil scolaire est un atout solide, mais pouvoir afficher en plus qu'on est porteur de qualités personnelles et humaines sortant quelque peu de l'ordinaire, c'est encore mieux car elles vont vous permettre de vous distinguer de la plupart de vos concurrents. C'est cet aspect de votre profil que les activités extrascolaires peuvent vous permettre de développer, et présenter dans le cadre de votre dossier de candidature et/ou lors de la très importante épreuve d'entretien de motivation. À cet égard, nous vous présentons le cas de Magali, entrée en école d'assistance sociale en 2019.

Les très efficaces conseils de Magali

Au lycée, Magali a préparé avec succès son baccalauréat ST2S (sciences et technologies de la santé et du social), avec un objectif en tête : parvenir à entrer dans une école de formation au diplôme d'État d'assistant(e) de service social. Pour cela, il lui fallait réussir les épreuves d'un concours qui comporte un entretien individuel portant sur la motivation et la personnalité du candidat, ainsi qu'un entretien de groupe permettant d'observer la façon dont chaque candidat joue certains rôles, et sait communiquer au sein d'un groupe.

Pour prouver sa motivation, elle a suivi le conseil d'un de ses professeurs et décidé de se doter du brevet d'aptitude aux fonctions d'animateur (BAFA). Pour cela, elle a pris sur son temps de vacances scolaires de novembre de son année de classe de première pour s'inscrire à une session de formation générale de huit jours, suivie par un stage pratique de 14 jours en centre de loisirs pour jeunes pendant l'été suivant. Elle a ensuite pu se présenter à cet examen et l'a réussi, ce qui lui a permis de travailler durant ses vacances scolaires en centres de loisirs et acquérir une expérience concrète du travail en équipe, de la mise en œuvre d'activités diverses (sportives, artistiques...), de l'accompagnement d'enfants et d'adolescents dans la réalisation de projets, etc.

Par ailleurs, elle a donné de son temps dans une célèbre association humanitaire : les « Restos du Cœur ». Deux soirs par semaine, durant son année de terminale, elle a servi des repas à des personnes démunies. Cela a contribué à développer chez elle le sens du travail en équipe, mais aussi de montrer le côté humain de sa personnalité... toutes choses qui lui ont fortement servi lors des deux épreuves d'entretien, et que le jury de l'école d'assistant(e) de service social a bien appréciées.

Reçue, Magali a fait sa rentrée dans l'école de ses rêves et y est scolarisée en deuxième année au moment où nous avons cet entretien avec elle. « Ce qui me frappe avec le recul, c'est de constater à quel point les expériences que j'ai acquises en me dotant du BAFA et en exerçant durant mes vacances une activité d'animatrice en centre de loisirs, mais aussi en travaillant avec d'autres bénévoles dans un "Resto du cœur", a fortement joué en faveur non seulement de ma réussite au concours, mais aussi m'a facilité les choses durant ces deux premières années de formation au métier d'assistante de service social. Je le sens bien, non seulement dans le cadre scolaire, mais aussi lors de mes stages en milieu professionnel. »

Le témoignage de Magali est édifiant : certaines activités extrascolaires peuvent vous doter d'atouts dont vous bénéficierez non seulement lors des épreuves d'entretien de motivation ou de lettre de motivation, mais elles seront aussi un puissant moteur au service de votre réussite dans vos études supérieures, puis dans votre vie professionnelle.

“ C'est ce que les Anglo-Saxons nomment les *soft skills* (traduisez : les « compétences douces »). Comme le fait justement remarquer Alice, directrice générale d'une grande école de commerce et management, « lorsque, parmi nos candidats, on en remarque un(e) qui a beaucoup voyagé, qui s'est frotté à diverses cultures nationales à l'étranger, qui a prouvé par des activités scolaires ou associatives qu'il (elle) est capable de travailler en équipe, donc d'écouter, de prendre la parole, de chercher à convaincre les autres, de prendre des décisions... Il est clair que pour nous, ce sont là des atouts qui vont beaucoup compter dans notre décision finale ».

Soft skills/Hard skills : de quoi s'agit-il ?

Ces deux expressions sont nées dans le monde anglo-saxon. Elles se sont progressivement répandues sur toute la planète.

Par *soft skills* (« compétences douces » en français, parfois nommées « compétences comportementales » ou « compétences humaines »), on désigne, pour chaque secteur d'activité ou pour chaque formation professionnelle, les compétences de ce type qu'il convient d'avoir acquis ou commencé à acquérir pour pouvoir bien travailler ou étudier. Elles concernent uniquement des capacités qui sont de l'ordre du comportemental, et renvoient principalement à la personnalité de l'individu qui en est porteur. Ainsi, par exemple, pour réussir dans les métiers du management, les *soft skills* concernent la capacité à écouter, à prendre la parole pour synthétiser des idées et chercher à convaincre, à prendre des décisions, à travailler en équipe, le fait d'être capable de prendre en compte les idées des autres, de se montrer flexible face aux changements, de savoir adapter ses propos en fonction des personnes auxquelles on s'adresse et selon la situation, être capable de prendre des initiatives, être créatif/inventif, avoir le sens de l'organisation, savoir bien se comporter en situation de stress, savoir gérer son temps, avoir l'esprit de délégation pour mieux travailler avec ses adjoints, savoir repérer les priorités par rapport au secondaire et au superficiel, être porteur d'empathie envers les autres, etc.

Les formations supérieures professionnelles s'efforcent de développer chez leurs étudiants ce type de compétences de façon non scolaire, préférant pour cela passer par des mises en situations réelles : stages, activités associatives diverses, ateliers dans ou hors les murs de l'école. Lors des épreuves de sélection pour l'entrée en première année, elles tiennent de plus en plus fréquemment compte de tout ce que le candidat peut avoir acquis dans ce domaine de compétences.

Ces compétences sont souvent qualifiées de « transversales » en ce sens que la plupart d'entre elles sont attendues dans un grand nombre de secteurs professionnels. Comme nous le déclare Daniel Peyron, qui a développé une carrière de directeur de plusieurs grandes écoles de commerce et management, « les compétences comportementales, ça ne s'apprend pas en cours : ça se vit ! On s'en imprègne progressivement grâce à des mises en situations réelles : les stages, les jobs d'été, la participation aux activités associatives etc. »

Les *hard skills* correspondent globalement à l'ensemble des compétences techniques qu'il conviendra d'avoir acquis pour pouvoir exercer un emploi ou pour pouvoir tirer bénéfice de la formation dispensée dans un établissement d'enseignement. Toujours en ce qui concerne les métiers du management, les *hard skills* concernent le niveau de maîtrise des langues étrangères, de l'outil informatique et de certains logiciels, de la culture générale acquise, la capacité à s'exprimer clairement et sans commettre de fautes d'orthographe ou de grammaire à l'écrit comme à l'oral, la connaissance des outils comptables et financiers, de certaines règles de droit, etc. Cette partie des compétences qu'un futur diplômé devra avoir acquise avant le passage vers la vie professionnelle, est principalement portée par la formation scolaire et professionnelle dispensée au sein de l'établissement d'enseignement supérieur fréquenté, éventuellement complétée par diverses mises en situation. Ces compétences sont évidemment variables selon le secteur d'activité professionnelle auquel on se prépare.

Pour un jeune lycéen candidat au passage dans l'enseignement supérieur, la réussite potentielle va dépendre des compétences acquises dans les deux catégories précitées.

Quelles formations font appel aux *soft skills* ? Quelles formations font appel au *hard skills* ?

– **Si la formation supérieure demandée est composée d'enseignements uniquement généraux ou quasi uniquement**, les attendus (prérequis) seront principalement de l'ordre des *hard skills*. Les *soft skills* seront bien pris en compte, mais ne compteront que secondairement. Ce sera le cas si vous frappez à la porte d'une classe préparatoire aux grandes écoles, d'un premier cycle universitaire...

– **Si la formation supérieure demandée est « à finalité professionnelle »**, on prendra bien sûr fortement en compte les *hard skills* dont seront porteurs les candidats, mais on tiendra plus largement compte des *soft skills* que les prétendants pourront avoir acquis dans le cadre de diverses activités extrascolaires ou dans le cadre scolaire. Ce sera le cas pour les formations telles que les IUT, BTS, DCG, DMA, écoles diverses...

Question 50
Quel pourrait être mon plan B ?

Chaque année, de trop nombreux élèves prennent le risque de ne se porter candidats qu'en vue d'obtenir une admission dans une filière sélective, prestigieuse de préférence, prenant ainsi le risque de n'obtenir aucune réponse positive. Autrement dit, ils choisissent de jouer la carte du « ça passe ou ça casse » !

Pari gagné lorsque l'élève candidat au passage dans le supérieur a préalablement fait un bilan scolaire et personnel lucide, et frappe à la porte de formations certes sélectives, mais dont les « attendus » donnent le sentiment qu'il est en mesure de parvenir à franchir les barrages (épreuves de sélection) qui se présentent devant lui. Dans ce cas, la probabilité d'obtenir satisfaction est grande (mais ce n'est jamais sûr à 100 %). D'autres, par contre, n'ont pas encore compris (ou pas voulu comprendre) que l'écart qui sépare le bilan scolaire et personnel de l'élève et les « attendus » des diverses formations demandées est trop grand pour permettre d'avoir satisfaction.

Ce type de candidat se retrouve alors fréquemment nanti d'une série de réponses négatives en fin de procédure Parcoursup (ou hors Parcoursup). C'est évidemment ce qu'il convient d'éviter, et pour cela nous vous proposons d'analyser deux cas réels, mais très édifiants, et d'en tirer les leçons concernant la stratégie qu'il convient de mettre en œuvre pour avoir le plus de chance possible d'obtenir une proposition d'affectation pour au moins un des vœux exprimés.

Louanne, élève de terminale générale scientifique, qui n'a pas été admise dans la classe préparatoire de ses rêves… et n'a rien demandé d'autre :

En 2018, Louanne était scolarisée en terminale S d'un lycée sans grande réputation de la banlieue lyonnaise. Élève un peu plus que moyenne (11,9 de moyenne générale), elle était plutôt assez bonne en langues (12/20 en anglais, 13/20 en italien), en histoire-géographie (13,5/20), moyenne en philosophie (11/20) et en mathématiques (10,5/20), et mauvaise dans les enseignements scientifiques (8/20 en SVT et 7/20 en physique-chimie). En français, lors des épreuves anticipées de 2015, elle avait obtenu 12/20 à l'écrit et 14/20 à l'oral. Bien qu'élève de terminale S, elle avait visiblement un profil non scientifique, comme beaucoup d'élèves qui fréquentent la filière générale spécialisée en sciences. Cela pouvait suffire pour obtenir son bac, mais pour l'après-bac, ce fut une autre affaire.

Après un important travail de réflexion sur son orientation future, elle a opté pour des études dans une grande école de commerce et management proposant un programme « management du luxe », mais pour laquelle l'admission se fait à bac+2. Son souhait premier était donc de commencer par une première étape en classe préparatoire économique et commerciale.

Compte tenu de l'importante sélection qui règne à l'entrée de ces formations, son professeur principal lui a conseillé de « ne pas mettre tous ses œufs dans le même panier » et donc d'anticiper le risque d'avoir des réponses négatives de la part des CPGE qu'elle se préparait à demander. « Avoir une haute ambition c'est bien, mais à la condition d'être réaliste. Pour ce genre de demande d'admission, il n'y a aucune garantie que la réponse sera positive, et la barre est élevée alors que Louanne est une élève à peine un peu plus que moyenne. Il serait bon qu'elle s'ouvre à l'idée d'exprimer d'autres candidatures. » Elle rejeta toute idée de se porter candidate pour entrer dans une autre prépa nettement moins bien classée. Elle refusa tout autant de frapper à la porte d'un BTS commerce international, d'un programme « bachelor » de management international ou d'une licence de langues étrangères appliquées… toutes formations que lui signalait son professeur principal, et qui présentent l'avantage de permettre de frapper à la porte de ces mêmes grandes écoles de commerce et management, mais par les « procédures d'admission parallèles » à bac+2 ou bac+3.

Sur Parcoursup, elle s'est donc limitée à une courte liste de quatre candidatures pour des classes préparatoires de ce type.

Résultat : aucune n'a retenu sa candidature. Motif : élève affichant un bilan scolaire insuffisant par rapport à bon nombre d'autres candidats. Elle n'avait pas compris (et ses parents non plus), que pour avoir des chances d'accéder à des formations d'excellence, il faut être un excellent candidat. Elle a d'ailleurs cruellement ressenti cette réalité quand elle a vu deux autres élèves de sa classe de terminale, moins bons qu'elle, obtenir leur admission dans ce type de classes préparatoires, mais qui avaient pris soin de frapper à la porte de formations moins bien classées dans le « palmarès », donc moins exigeantes, et plus adaptées à leur profil.

“ Maxence, élève de terminale STMG, qui s'en est bien sorti, alors qu'il avait le même objectif que Louanne :

Maxence a rapidement compris que son admission en CPGE économique et commerciale n'aurait rien d'évident. Certes, il existe pour les bacheliers STMG un réseau spécifique de telles prépas, réservées aux seuls élèves issus de terminale STMG : les CPGE économiques et commerciale option technologie (CPGE ECT). Mais elles sont sélectives. Maxence a donc bien compris qu'il avait intérêt à ajouter à de telles candidatures, d'autres demandes d'admission au profit de formations supérieures permettant également de frapper à la porte de diverses grandes écoles de commerce et management. C'est ce que son professeur principal lui conseillait en évoquant la nécessité d'avoir un « plan B ». « Le raisonnement était clair et la stratégie à mettre en œuvre évidente : je n'allais pas m'interdire de demander à être admis en prépa au seul prétexte que je n'avais pas la certitude d'y être admis. On ne sait jamais, et c'était clairement mon premier choix. Mais je devais anticiper le risque de ne pas y accéder, et nous avons donc beaucoup réfléchi à ce que pourrait être un plan B ».

Après mûre réflexion, Maxence a suivi le conseil de son professeur principal et ajouté à sa liste de vœux des demandes d'admission en IUT techniques de commercialisation, en BTS commerce international, et même en licence de langues étrangères appliquées et une licence d'anglais. « Ma préférence allait bien sûr vers les classes préparatoires, mais à défaut d'y être admis, j'étais prêt à entrer dans l'une de ces autres formations, sachant que toutes me permettraient de me présenter dans deux ou trois ans à la “procédure d'admission parallèle” dans les mêmes grandes écoles. Dans mon esprit, les licences universitaires étaient une sorte de dernier choix car je savais que les STMG ont beaucoup de mal à franchir le barrage de la première année d'université. »

Maxence a finalement a reçu trois propositions d'admission en BTS commerce international et en IUT techniques de commercialisation. Il a choisi de valider la proposition faite par l'IUT techniques de commercialisation dans lequel il a fait son entrée en septembre 2015. Bonne pioche : en juin 2017, il a obtenu son DUT avec mention bien, réussi le concours parallèle « Passerelle » et a pu entrer à « Rennes business school » où il s'est progressivement spécialisé en gestion des ressources humaines. Nous l'avons revu en janvier 2020 : scolarisé en troisième et dernière année de cette grande école, il avait déjà reçu plusieurs propositions d'embauche en tant que cadre supérieur en gestion des ressources humaines. Tout va bien pour lui !

Deux cas très contrastés, mais qui permettent d'aboutir à divers conseils stratégiques :

La comparaison de ces deux cas est riche d'enseignements quant à la façon dont il est bon d'élaborer une stratégie de choix de ses vœux d'orientation post-baccalauréat.

Le principe de base du système de préinscriptions par le portail Parcoursup est que tout candidat à l'admission en première année de l'enseignement supérieur a le droit d'exprimer jusqu'à dix vœux, extensibles jusqu'à vingt en cas de vœux multiples à partir d'un vœu simple. Ainsi, par exemple, dans le cas de Maxence que nous venons de présenter, son vœu d'être admis en CPGE ECT se subdivise en trois vœux multiples puisqu'il frappe à la porte de la même formation dans trois lycées différents). Notez bien qu'on ne vous demande pas de hiérarchiser vos divers vœux, ce qui vous laisse une totale liberté de choisir la formation qui vous intéresse le plus parmi celles qui vous répondent « oui », si plusieurs s'offrent à vous.

Plus tard, à partir du début de la phase dite « d'admission principale », qui débute généralement vers la mi-mai, chaque formation demandée vous fera parvenir sa réponse. Il se pourrait qu'il n'y en ait qu'une qui vous réponde « oui ». Mais le plus souvent, il y en a plusieurs. Dans ce cas, à vous de dire laquelle vous retenez.

Cette double liberté (décider d'une liste plus ou moins longue de vœux, avoir le droit de choisir lorsqu'on reçoit plusieurs réponses positives), devrait vous inciter à ne pas vous montrer exagérément restrictif en ce qui concerne le nombre des candidatures que vous décidez d'exprimer. Or, c'est le piège dans lequel tombent certains, aveuglés par l'excessive importance qu'ils accordent à leur(s) premiers(s) vœu(x). Disons-le tout net : ils ont grandement tort car à l'évidence, plus la liste de vœux est longue, plus on a de chances d'obtenir satisfaction sur un des vœux exprimés. Et contrairement à ce que craignent certains, établir une longue liste de vœux ne fait courir aucun risque puisque c'est le candidat qui décide du choix parmi l'ensemble des réponses « oui ».

Il en résulte quelques conseils stratégiques que nous vous invitons à prendre en compte si vous ne voulez pas courir les risques évoqués à l'occasion du témoignage de Louanne :

– Utilisez le droit dont vous disposez de multiplier vos candidatures, y compris pour une même formation.

– Si vous frappez à la porte de formations sélectives, posez-vous la question de savoir si vous estimez être à la hauteur des « attendus », donc apte à franchir les obstacles des épreuves de sélection.

– Anticipez le risque de ne pas être admis dans une formation sélective en exprimant une ou plusieurs candidatures « de précaution » (« plan B »).

– Ne vous interdisez pas de demander votre admission dans une licence universitaire non sélective, quitte à y renoncer si vous avez satisfaction pour une autre formation qui compte plus à vos yeux.

PARTIE 10

Comment rebondir si vous n'avez pas obtenu satisfaction ?

Qu'est-ce qu'« être satisfait » veut dire ?

En moyenne, chaque année, les candidats expriment sur Parcoursup une dizaine vœux. Pour certains, c'est moins, plus pour d'autres. Il est possible d'exprimer entre un et vingt vœux par éventuel cumul des « vœux simples » et des « vœux multiples ».

Aux yeux du ministère de l'Éducation nationale, sont considérés comme ayant obtenu « satisfaction » tous les élèves qui, au terme de la phase d'envoi des réponses (début septembre), auront reçu au moins une proposition d'affectation dans l'une des formations demandées. Chaque année, c'est le cas d'environ 93 % d'entre eux, ce qui permet aux autorités ministérielles de dire que le bilan est bon.

Mais outre le fait que ce n'est quand même pas le cas pour 7 % d'entre eux (soit près de 50 000 lycéens, ce qui n'est pas rien), on ne peut que constater que parmi les « satisfaits », une importante partie se voit proposer une affectation vers une formation supérieure qui ne les attire que « par défaut ». C'est le cas de Daniela, qui témoigne de ce qu'elle a vécu en 2019 :

Daniela, qui a été affectée en BTS professions immobilières mais aurait préféré la licence double « droit/langues » de l'université de Paris-Nanterre.

Daniela, élève de terminale générale L en 2018, a exprimé sur Parcoursup six vœux : les licences doubles droit/langues des universités de Paris-Nanterre et Paris-Sorbonne, deux IUT section « carrières juridiques » et deux BTS professions immobilières. Dans son esprit et celui de ses parents, les quatre premiers de ces six vœux étaient acceptables, les deux derniers n'étant présents dans sa liste de vœux que par souci de précaution, « en position de recours éventuel si je n'obtiens pas satisfaction pour l'une de mes quatre autres candidatures ». C'est typiquement ce que l'on nomme « vœu d'orientation par défaut ». Le verdict est tombé : elle n'a reçu qu'une seule proposition sur les six demandes exprimées, concernant une préparation au BTS professions immobilières.

Tout bien réfléchi, elle n'en voulait pas. « Mon rêve c'est de devenir juriste d'affaires internationales, et avec un BTS de ce type, je sais que je n'y parviendrai pas. De plus, les professions immobilières ça ne m'attire pas vraiment. D'accord avec mes parents, nous avons renoncé à cette unique proposition et fait le choix d'une année de séjour linguistique en Angleterre avec stages en milieu professionnel juridique, afin de repasser par Parcoursup l'année d'après, en espérant obtenir une réelle satisfaction. »

Daniela est consciente qu'elle n'aurait pas dû exprimer de tels vœux d'orientation vers un BTS qui ne lui convenait pas vraiment. Elle admet en outre que les réponses à ces vœux ne sont pas critiquables en soi puisqu'on lui propose une affectation sur une formation qu'elle a demandée. « Mon erreur a été double : la première vient du fait que j'ai demandé une orientation vers une formation que je savais ne pas vouloir, et j'admets que le fait de croire qu'on me donnerait satisfaction sur un de mes vœux préférés n'est pas une excuse. Seconde erreur : je n'aurais pas dû ne composer ma liste de vœux que de formations sélectives. Étant une élève plutôt moyenne, le risque était grand qu'on ne me propose pas d'entrer dans une licence double ou un IUT. J'aurais dû demander à être admise en licence de droit simple non sélective, mais je ne l'ai pas fait parce que le manque d'accompagnement personnalisé et d'encadrement me faisaient peur, ainsi qu'à mes parents. »

Elle s'est donc à nouveau portée candidate en 2019 en exprimant sept vœux : les deux licences doubles droit/langues qu'elle n'avait pas obtenues l'année précédente, la licence de droit simple de Paris-Nanterre et celle de l'université de Versailles – Saint-Quentin-en-Yvelines (candidatures nouvelles), et deux IUT « carrières juridiques ». Pari gagné ! Elle a reçu trois propositions d'affectation : un des deux IUT et les deux licences simples. Elle a choisi la licence de droit de l'université Paris-Nanterre où elle a fait sa rentrée fin septembre 2019. Elle est entrée en deuxième année de cette licence en septembre 2020.

Le cas de Daniela est représentatif d'une situation très répandue : la « satisfaction » ne s'entend pas de la même façon selon qu'on ait le point de vue du ministère (est considéré comme étant « satisfait » un candidat qui reçoit une proposition d'affectation pour l'un des vœux exprimés), ou celui de l'élève candidat et de ses parents qui ne considéreront comme véritablement satisfaisante qu'une proposition d'affectation concernant une formation vraiment désirée. De cette différence de conception des choses naît assez fréquemment une interrogation chez certains candidats : suis-je obligé d'accepter cette proposition qui ne me convient pas ? Et si non, que puis-je faire pour rebondir positivement ?

Est-on obligé d'accepter une proposition d'orientation vers une formation supérieure que l'on ne désire pas ?

La réponse est non, bien sûr. Nul n'est obligé d'accepter une proposition d'orientation qui lui est adressée. C'est évident lorsqu'un candidat reçoit plusieurs propositions parmi lesquelles une ou plusieurs lui conviennent : il n'a alors la possibilité que d'en retenir une et doit donc obligatoirement renoncer aux autres. C'est évidemment plus compliqué lorsqu'il ne reçoit qu'une ou plusieurs propositions pour des formations qu'il rejette… bien que les ayant demandées. C'est la situation dans laquelle s'est trouvée Daniela. Nous allons maintenant voir quelles alternatives peuvent se présenter, mais en tout état de cause, nul n'est obligé d'accepter une proposition.

Que peut-on faire si l'on ne reçoit aucune proposition d'affectation au terme de la phase d'affectation ?

Que vous fassiez partie des candidats n'ayant finalement reçu aucune proposition (c'est rare, mais il en existe chaque année plusieurs milliers) ou que vous décidiez de rejeter la ou les propositions d'affectation qui vous ont été faites, vous vous trouvez dans la même situation : trouver une orientation alternative, immédiatement ou ultérieurement. Que puis-je faire dans un tel cas ? Trois stratégies s'offrent alors à vous. Découvrez-les, mesurez bien leurs avantages et inconvénients respectifs, et choisissez la formule qui vous convient le plus.

>Et si je frappais à la porte de formations supérieures « hors Parcoursup » ?

Certaines formations supérieures recrutent « hors Parcoursup ». Elles sont peu nombreuses en France, beaucoup plus nombreuses à l'étranger. Parmi elles, quelques-unes peuvent disposer de places encore vacantes entre juillet et septembre. Le plus souvent, il s'agit de formations de type écoles (de commerce, hôtellerie, tourisme, art, design, etc.). De statut le plus souvent privé non reconnu par l'État, elles exigent de leurs étudiants des droits de scolarité pouvant être importants (parfois près de 10 000 euros par an, voire plus). La difficulté d'une telle recherche vient du fait qu'il n'existe pas de liste officielle de ce genre d'établissements. Vous serez donc condamné à faire du « porte à porte ». Sachez que des organismes tels L'Étudiant organisent chaque année, fin juin et début septembre, dans plusieurs villes du pays, des « salons de la rentrée » sur lesquels de tels d'établissements se tiennent à disposition du public et proposent des places.

Bien évidemment, ce sont le plus souvent des formations de « second rang ».Vous devez bien vous douter que les plus réputées, donc les plus demandées, n'ont pour la plupart aucune place restant vacante à l'approche de l'été, et moins encore en septembre. Par contre, les écoles les moins réputées peuvent ne pas avoir fait « le plein d'étudiants » et proposer un plus ou moins grand nombre de places restant vacantes. Comme le dit un proverbe bien connu : « faute de grives, on mange des merles » !

>Et si je demandais un redoublement volontaire en classe de terminale ?

Autre formule, utilisée chaque année par près de 4 000 familles : une demande de redoublement volontaire en classe de terminale, dans l'espoir d'obtenir un an après une meilleure décision d'orientation que celle proposée une première fois. C'est une stratégie qui demande de reculer d'un an l'entrée dans l'enseignement supérieur. Mais pourquoi pas ? Ne vaut-il mieux pas obtenir un an après une orientation désirée, plutôt que d'accepter de suite une orientation non désirée ? À chacun de réfléchir et de se positionner.

Le pari gagné de Louisa

En 2015, Louisa, scolarisée en terminale L au lycée Calmette de Nice, a obtenu son bac général L (littéraire) et s'est retrouvée en très fâcheuse position pour ce qui est de son orientation vers l'enseignement supérieur : ayant dressé une liste de vœux ne comprenant que des formations supérieures très sélectives, trop ambitieuses par rapport à son bilan scolaire, elle n'a reçu que des réponses négatives. Après une ultime tentative en se réinscrivant pour les affectations de la « seconde chance » en phase complémentaire de Parcoursup, elle s'est vue proposer des orientations qui ne lui convenaient pas du tout.

Que faire ? Accepter l'une de ces propositions ou mettre en œuvre une autre stratégie, et dans ce cas, laquelle ? « C'était horrible : on me proposait un BTS d'économie sociale et familiale ! Je n'avais aucune envie de cette formation. Après débat quelque peu houleux en famille, nous avons demandé un redoublement volontaire en terminale L, dans le but d'améliorer mon dossier de candidature et d'avoir meilleure satisfaction l'année d'après.

Le proviseur nous a d'abord demandé d'avoir un entretien de motivation avec le professeur principal, puis il nous a reçus, mes parents et moi, pendant plus d'une demi-heure. Il a vu que j'avais compris mes erreurs de choix sur Parcoursup et considéré comme nous que je pouvais avoir mieux dans un an. Comme il disposait de places vacantes en terminale L, il a accepté de me réinscrire, à la condition que je me présente à nouveau aux épreuves du bac, avec pour objectif une mention. Je me souviens encore aujourd'hui de cette phrase qu'il nous a exprimée : « Pour qu'une stratégie de redoublement volontaire soit considérée comme étant réussie par les jurys de sélection, il faudra qu'en fin d'année vous affichiez une moyenne générale en hausse d'au moins deux points sur vingt (j'avais terminé avec une moyenne de 11,6/20), et que vous obteniez votre deuxième bac L avec mention bien ou très bien (la première fois, je l'ai eu avec mention assez bien) ».

Pari tenu : en 2015/2016 Louisa a fait un excellent second parcours en terminale L, obtenant sur l'année une moyenne générale de 14,2/20, et son deuxième bac L avec mention bien. Désireuse d'entrer plus tard dans une grande école de journalisme de deuxième cycle, elle a profité de ses vacances d'été 2016 pour faire un stage au sein de la rédaction du quotidien local *Nice-Matin*. Sur Parcoursup, elle a exprimé des vœux d'orientation nettement plus réalistes que l'année d'avant : elle a demandé son admission dans deux classes préparatoires littéraires, en a ajouté une pour l'IUT spécialité « information et communication option journalisme » de Cannes, une pour la licence double sélective en « littérature et communication », une candidature en vue de la licence information/communication, et une autre pour la licence de lettres modernes. On lui a proposé d'entrer soit à l'IUT, soit dans l'une des deux licences non sélectives.

Elle a choisi l'IUT journalisme et y a accompli un parcours sans faute, obtenant son DUT avec mention bien en juin 2018. Ensuite, elle a prolongé ses études par une licence professionnelle « métiers de l'information : métiers du journalisme » proposée par son IUT, licence qu'elle a réussie. Ayant trouvé du travail dans un quotidien de Marseille en septembre 2019, elle a renoncé à tenter d'entrer dans une grande école de journalisme.

Le cas de Louisa est édifiant parce que porteur d'une belle réussite dans une tentative de reconversion après un échec de départ. Il permet en outre de mettre en évidence plusieurs points importants pour qu'une telle stratégie ait des chances d'aboutir à une issue satisfaisante :

– Un redoublement volontaire n'est jamais un droit : votre seul droit est de le demander à un chef d'établissement qui en décide, en tenant bien sûr compte de votre projet motivé, du sentiment qu'il a que le candidat à un redoublement volontaire saura s'améliorer significativement, et de ses capacités d'accueil dans la classe de terminale demandée.

– Une telle démarche n'a de sens que si en fin de l'année redoublée, l'élève affiche un bilan scolaire et personnel en nette amélioration. Dans le cas contraire, le bilan nouveau affiché pourrait se retourner contre le lycéen et aboutir sur Parcoursup à des propositions moins intéressantes que celles qui avaient été exprimées l'année d'avant. L'année de redoublement n'aurait alors servi à rien.

– Pendant sa deuxième année de terminale, Louisa a pris soin de ne pas se contenter de développer son bilan scolaire. Elle a ajouté un stage en milieu professionnel qui a fortement contribué à améliorer son « curriculum vitæ » de candidate à l'admission en IUT journalisme. Bien joué !

>Et si je vivais une année de césure avant de réexprimer mes candidatures dans un an ?

De plus en plus de lycéens déçus par la ou les propositions d'affectation qui leur sont faites, choisissent de se donner un an et se connecter à nouveau sur Parcoursup l'année d'après, dans l'espoir d'obtenir de meilleures réponses à leurs candidatures. C'est ce qu'a choisi de faire Louisa, dont nous venons de vous présenter le témoignage, en obtenant de redoubler volontairement sa terminale. Mais il y a une autre option : vivre une année de césure.

Une telle démarche pose plusieurs questions auxquelles chaque élève placé dans cette situation doit bien réfléchir : de quoi va être faite cette année de césure ? À quelles conditions pourrez-vous exprimer vos candidatures avec de bonnes chances qu'elles soient suivies de réponses positives ? Comment devrez-vous procéder pour exprimer vos candidatures dans un an, sachant que vous ne pourrez plus le faire avec l'aide de votre lycée puisque vous n'y serez plus scolarisé ? Etc.

Vous devez bien vous douter que parmi les divers critères qui seront utilisés au terme de votre année de césure pour vous classer, les jurys des « commissions d'examen des vœux » vont vous demander ce que vous aurez fait durant cette année de césure et s'efforcer d'évaluer ce qu'elle vous aura apporté. Si tout ce que vous avez à dire à ce moment-là sera que vous avez fait de l'auto-stop dans le bush australien ou réfléchi à votre avenir en squattant l'appartement de vos parents, cela risque fort de ne déboucher sur rien ou pas grand-chose. Ce qui va compter favorablement, c'est que vous soyez en mesure de démontrer qu'au terme de cette année de césure, vous avez acquis une plus-value qui enrichit véritablement votre dossier de candidature. Selon ce que vous aurez fait durant cette année de césure, vous pourriez avoir significativement amélioré votre niveau en langue (séjour à l'étranger), vous être doté d'un bon niveau de réussite à un test de niveau en langue étrangère, avoir acquis une expérience professionnelle (job(s) et/ ou stage(s)), bénéficié de diverses expériences concrètes par des activités bénévoles, culturelles, acquis certains diplômes (BAFA, brevet de secourisme, brevet d'aéronautique…), etc. Pour reprendre l'expression d'un directeur de lycée : « Il faudra au retour faire la preuve que l'année de césure a été une année bien remplie. »

Bon à savoir : si vos vœux portent sur des formations sélectives, il faudra que vous prépariez les épreuves de sélection de là où vous serez et dans un nombre fréquent de cas, que vous soyez en mesure de venir vous présenter aux épreuves de sélection lorsqu'on vous y convoquera. Et s'il y a concours, aurez-vous véritablement la capacité de vous y préparer de là où vous serez ? Autre point que vous devrez avoir bien en tête : il faudra que vous procédiez aux inscriptions sur Parcoursup de là où vous serez. Préparez donc, avant de partir en année de césure, les renseignements et documents dont vous aurez besoin. Et si cette année se déroule à l'étranger, sachez que vous pourrez éventuellement disposer d'une aide logistique qui peut vous être donnée dans le cadre des ambassades de France et/ou des lycées français de l'étranger.

Si ma préférence va vers une ou des formations qui sont positionnées « hors Parcoursup », puis-je m'abstenir de toute candidature sur Parcoursup ?

En France, il existe de moins en moins de formations supérieures qui organisent leurs recrutements d'étudiants sans passer par la plateforme Parcoursup. Il en existe plusieurs centaines, cependant, et rien n'interdit que, pour certains lycéens, ces formations « hors Parcoursup » aient leur préférence. Autre cas de figure : si vous faites partie de cette minorité d'élèves de terminale qui font le choix de partir faire leurs études supérieures à l'étranger dès la rentrée qui suit le baccalauréat, vous serez confronté à la même logique car aucune formation située à l'étranger ne recrute via Parcoursup.

Cette double situation donne à un trop grand nombre de lycéens et parents concernés le sentiment qu'ils peuvent s'abstenir de se lancer dans la fastidieuse démarche « Parcoursup » puisque la ou les formations demandées ne sont pas concernées par cette plateforme.

Or, c'est perdre de vue le fait que très fréquemment, les formations « hors Parcoursup » ainsi demandées sont sélectives, et que les réponses à de telles candidatures ne surviendront le plus souvent qu'à un moment de l'année scolaire très avancé (vers mai au plus tôt... et dans certains cas jusqu'en septembre). Si satisfaction est donnée à une de vos candidatures de ce type, il n'y aura pas de problème. Par contre, en cas de réponse négative... vous ne pourrez pas revenir sur Parcoursup dont le calendrier sera trop avancé pour le permettre, et dans ce cas le risque de se retrouver sans aucune proposition d'admission est réel. Pour vous en protéger, nous vous conseillons donc de précéder à un double processus d'expression de vos candidatures : avec et hors Parcoursup. Dans le cas où vous recevriez des réponses favorables des deux côtés, il sera toujours temps d'opter pour la réponse qui vous intéresse le plus. C'est donc sans risque !

On me dit que j'ai droit à exprimer dix vœux maximum, mais d'autres affirment que c'est vingt ! Quel est le bon chiffre ?

Officiellement, sur Parcoursup, les candidats ont droit à dix vœux. Un vœu correspond à une formation demandée en un seul exemplaire : par exemple, la licence de droit de l'université de Toulon.

Fréquemment cependant, des candidats choisissent d'augmenter leurs chances d'obtenir satisfaction en demandant leur admission dans une même formation, mais sur plusieurs sites : par exemple, les licences de droit des universités de Toulon, Nice et Aix-Marseille. Dans ce cas, une telle demande est comptabilisée comme constituant un vœu et trois sous-vœux. Le total des vœux et des sous-vœux ne peut dépasser le nombre de vingt.

Ainsi, par exemple, un(e) candidat(e) qui aurait établi la liste de vœux suivante : CPGE économique et commerciale dans quatre lycées différents, BUT (« bachelor universitaire de technologie ») techniques de commerc alisation dans cinq IUT différents et licence de langues étrangères appliquées dans deux universités, sera considéré(e) comme ayant exprimé trois vœux et dix sous-vœux. Ces chiffres sont conformes.

Lexique des sigles utilisés

BTS : brevet de technicien supérieur
BUT : bachelor universitaire de technologie
CPGE : classe préparatoire aux grandes écoles
DMA : diplôme des métiers d'art
DUT : diplôme universitaire de technologie
GE : grande école
IUT : institut universitaire de technologie
JPO : journée portes ouvertes
LAS : licence accès santé
L1/L2/L3 : licence première, deuxième, troisième année
LP : licence professionnelle
PASS : parcours accès spécifique santé
PP : professeur principal
STAV : sciences et technologie de l'agronomie et du vivant
STD2A : sciences et technologies du design et des arts appliqués
STI2D : sciences et technologies de l'industrie et du développement durable
STL : sciences et technologies des laboratoires
STMG : sciences et technologies du management et de la gestion
ST2S : sciences et technologies de la santé et du social
STS : section de technicien supérieur
TMD : techniques de la musique et de la danse

NOTES

NOTES

NOTES

Dépôt légal : janvier 2021

ISBN : 978-2-38015-164-0

Imprimé en France par EPAC Technologies
N° d'impression : 4550414333720
Dépôt légal : janvier 2021